Numerologia

CB011793

MONIQUE CISSAY

# NUMEROLOGIA

## A importância do nome no seu destino

*Tradução*
NAIR LACERDA

**EDITORA PENSAMENTO**
**São Paulo**

Título do original:
*Changer votre prenom pour changer votre destin ou l'utilisation de la numérologie dans la vie courante*

Copyright © 1984, Editions de La Maisnie

| Edição | O primeiro número à esquerda indica a edição, ou reedição, desta obra. A primeira dezena à direita indica o ano em que esta edição, ou reedição foi publicada. | Ano |
|---|---|---|
| 8-9-10-11-12-13-14-15 | | 06-07-08-09-10-11-12 |

Direitos reservados
EDITORA PENSAMENTO-CULTRIX LTDA.
Rua Dr. Mário Vicente, 368 – 04270-000 – São Paulo, SP
Fone: 6166-9000 – Fax: 6166-9008
E-mail: pensamento@cultrix.com.br
http://www.pensamento-cultrix.com.br

*Impresso em nossas oficinas gráficas.*

# Sumário

*Que há em um nome? É o que perguntamos a nós mesmos quando somos crianças, escrevendo aquele nome que nos disseram ser o nosso.*

James Joyce

Faço questão de agradecer aqui, muito especialmente:
— a meus pais, dos quais recebi a vida,
pelos nomes que me deram.

— aos que de perto ou de longe participaram da minha evolução, a André Sivadon,
que me ensinou a descobrir o Homem e a amá-lo até mesmo em suas imperfeições.

— aos que me levaram a descobrir a Lei do Número e sua luz,
a Roger Halfon, que me estimulou
e me incentivou na redação deste trabalho.
Deus os abençoe!

# Prefácio

Perdido no Universo, o Homem sempre procurou o saber e o caminho para se dirigir ao seu futuro, ao mesmo tempo em que se informava sobre as chaves desse futuro.

Assim nasceram as ciências divinatórias e as diferentes "mancias" — tarôs, linhas da mão, astrologia, geomancia, I Ching — bem conhecidas pela maior parte dos nossos contemporâneos, devido às numerosas obras que florescem a cada dia.

Entretanto, existe uma sobre a qual poucos trabalhos exotéricos foram escritos, e que, em conseqüência, se encontra, geralmente, ignorada ou negligenciada: refiro-me, aqui, à Numerologia, ou Ciência dos Números.

Com efeito, os números se integraram de uma forma tão completa ao nosso Universo que nos esquecemos de que também são uma semelhança simbólica do cosmos e de sua energia e que, através de diferentes operações realizáveis com eles, podem revelar uma análise precisa do indivíduo e de seu comportamento passado, presente e futuro.

Para alcançar esses resultados, todavia, é preciso usar leis que devemos conhecer, pois a Numerologia, como Ciência, responde a um funcionamento codificado de dados estáveis e repetitivos, e é nisso, tal como eu disse no início destas linhas, que está a dificuldade, já que as obras de Numerologia são raras em nossos dias.

É por isso que não posso deixar de saudar, com viva satisfação, o livro de Monique Cissay, que vem, felizmente, preencher essa lacuna.

Preciso na forma, ele se revela na leitura uma obra apaixonante e direta, permitindo que o leitor, seja qual for o seu nível básico, alcance rapidamente um ótimo conhecimento da Numerologia. Um dos méritos de Monique Cissay foi o de ter traduzido em linguagem simples leis às vezes complexas.

Por todas essas razões, recomendo a todos a leitura destas páginas; elas vos abrirão, leitores, a entrada de um mundo no qual viveis e vos permitirão ver ali, se assim o desejardes, o vosso semblante mais secreto.

Obrigado por isso, Monique Cissay.

**Dr. Roger Halfon**

# Preâmbulo

O mundo em que vivemos é penetrado por uma grande força, cujas radiações se propagam através das vibrações.

Essas vibrações se cruzam em todos os sentidos e movem-se em diferentes velocidades. Cada partícula constrói uma energia vibratória que exerce influência sobre o ser humano. Isso acontece com a madeira, com o metal, com as plantas e com tudo o que nos rodeia.

Isso também acontece com as letras que pronunciamos. Não se costuma afirmar que as palavras cantam? Elas são poéticas, encantadoras, estimulantes, ou agressivas, às vezes.

Esse fenômeno se explica pelas letras que as compõem, e que emitem, também, vibrações longas ou curtas, ativas, criativas, afetivas, estáveis, vacilantes, enérgicas ou passivas. Quando essas letras formam um nome, condicionam em nós um comportamento, que iremos descobrir à proporção que percorrermos as páginas que se vão seguir.

Escolher o nome, ou os nomes do seu filho, ou modificá-lo quando ele se faz adulto, parece um assunto essencial e digno de que nele nos detenhamos um momento. Por que houve mártires, profetas, homens ou mulheres de prestígio, geniais? Porque foram predispostos, em parte, pelo nome que usavam.

Na música, para que um trabalho realizado possa tornar-se uma obra-prima, é preciso que se leve em conta a harmonia. Quando se trata de um ente humano, a harmonia também deve reinar em todo o seu ser. As vibrações que ele receberá e emitirá devem ser benéficas tanto para ele como para os outros.

Não nos esqueçamos de que os povos antigos já possuíam os números antes que chegassem a conhecer as letras. Os números eram, e ainda são, uma forma de expressão que cada um de nós facilmente pode apreender. A qualidade dos números, isto é, seu poder vibratório, constituiu, desde sempre, o saber dos sacerdotes iniciados. Tentemos iniciar-nos nessa ciência.

Assim, para descobrir um ser em sua integridade — sua personalidade, suas faculdades, seu destino — só é necessário estudar as vibrações dos seus prenomes e nomes e dos números de sua data de nascimento por intermédio de uma ciência muito antiga, a NUMEROLOGIA.

O estudo que está sendo apresentado ao leitor nada mais é que uma abordagem dessa ciência apaixonante, que lhe revelará, em outros estudos, com o decorrer do tempo, os seus segredos. Entretanto, diante das importantes transformações que a nossa sociedade sofre atualmente, as agitações inevitáveis da nossa vida, que deixam atônitos, indagadores e desamparados os seres tocados pelos acontecimentos que anunciam uma nova era, a autora não quis mais retardar o aparecimento deste livro, que, embora incompleto, ajudará sem dúvida seus semelhantes a se compreenderem melhor, a compreenderem melhor os outros, a captarem o sentido de suas vidas, a corrigirem nelas as imperfeições, a modificarem, na medida do possível, as vibrações negativas, para fazerem face, mais bem armados, a seu destino de homens ou de mulheres do século XXI.

A autora responderá a todas as perguntas que este livro possa suscitar; é suficiente, para isso, que se dirijam ao seu editor, juntando um envelope selado para a resposta.

Monique Cissay

Vincennes, julho de 1982

# A numerologia

*Tudo quanto existe tem um número, pois não é possível que, seja o que for, seja conhecido ou mesmo imaginado sem número.*

Filolau (século V a.C.)

A história dos números é tão velha quanto a história do Universo. A Numerologia foi conhecida e utilizada na Grécia Antiga, em Roma, no Egito e na China. Dela também se encontram traços nos antigos livros de sabedoria, como os da Cabala.

É preciso, aqui, render homenagem ao Grande Mestre de Samos, Pitágoras, que contribuiu grandemente para o desenvolvimento dessa ciência. Ele sustentava que tudo é número, e que a matemática era uma religião que devia elevar o homem ao nível dos deuses.

Pitágoras, nascido a cerca de 600 anos antes de Jesus Cristo, morreu por volta de 497 antes de Jesus Cristo. Depois de ter feito estudos que não o satisfizeram, partiu para o Egito a fim de se fazer iniciar junto aos sacerdotes de Mênfis. Depois de 22 anos, tempo de duração de sua iniciação, conseguiu perceber, em estados de consciência que surgiam subitamente, a queda do espírito na matéria e sua ascensão para a Unidade.

Para Pitágoras, o número era o vínculo que unia o céu e a terra, o espírito e a matéria: fundou uma escola que adotou por emblema "A Santa Tetractis" e que participava da harmonia musical, da harmonia arquitetural (número de ouro), da harmonia das formas e da harmonia poética. Pitágoras pode, ademais. ser considerado como o pai da matemática moderna. Enfim, ele influenciou o pensamento cristão e o hebraico.

Seu ensinamento filosófico começava pela doutrina dos números, que tinham, segundo ele, um papel essencial no Macrocosmo e no Microcosmo.

Toma a unidade por base, e todos os números que daí decorrem são uma força viva, cujo encadeamento se torna, para ele, uma teologia universal.

O Um é o Pai, o criador de todas as Coisas, fonte de toda a existência, que cria, legisla e julga. Cada um de nós emana do Pai eterno. Somos, todos, uma parcela divina. A teoria dos números presume que já vivemos muitas vidas anteriores e que viveremos ainda outras, depois da que estamos vivendo atualmente. Essas existências são vividas para que aprendamos a aperfeiçoar nossos conhecimentos, para que cresçamos em bondade, em compreensão, em compaixão e em caridade, sendo o objetivo final a união com o poder divino, quando a perfeição for atingida.

Colheremos o que tivermos semeado, e teremos de sentir o sofrimento e a miséria, se tivermos transgredido a lei em uma vida anterior, ou nesta vida, para que possamos chegar a uma compreensão melhor.

A Numerologia nos ajuda a corrigir nossas imperfeições, a compreender melhor o caminho do nosso destino. Assim, é possível vencer nosso carma e, quando isso acontece, a vida se aprimora.

Os números, pelo seu simbolismo, podem deixar-nos indiferentes ou penetrar-nos, porque são enérgicos criadores do mundo espiritual. É incontestável que o Número, revelado pelas transmissões orais da sabedoria, possui uma virtude mágica. Possa ele despertar nos leitores uma curiosidade e um interesse que os incitem a compreender sempre mais o seu simbolismo, já que, em última análise, serão eles os felizes beneficiados.

## PRIMEIRA PARTE

# ESTUDO DA PERSONALIDADE PELA NUMEROLOGIA

CAPÍTULO I

# Definição dos números

Cada número possui um sentido positivo e um sentido negativo. Contudo, quando iniciamos o estudo de um tema, é sempre preciso que procuremos os lados positivos do ser, abstendo-nos de qualquer espírito crítico, de qualquer idéia de denegrir, de qualquer curiosidade malsã.

A pessoa, que consulta um numerólogo não está no mesmo ponto em que nós estamos, no caminho que deve percorrer. É preciso ajudá-la, na medida dos meios de que dispomos, a ver claro em si mesma devolvendo-lhe a confiança, porque a sociedade em que vivemos tem a tendência, por desconhecimento sem dúvida, de rejeitar tudo quanto não entre em um quadro preestabelecido e em um modelo.

Ora, todos os seres humanos, embora tenham pontos em comum, são diferentes uns dos outros, e querer levá-los a entrar em um quadro estrito e predeterminado é uma heresia.

Cada ser é único e possui um valor que iremos tentar descobrir juntos.

Em Numerologia, todos os números se reduzem a um algarismo, compreendido entre 1 e 9. Todavia, o interesse estará em descobrir a significação dos números situados para além de 10, pois ali poderemos encontrar um sentido oculto importante para o consultante.

Por exemplo, o ano de 1982 é um ano universal "2" (1 + 9 + 8 + 2), porém derivado do 20, ou seja, um 2 em oitava superior.

O 2, significando aliança, associação, mas também ruptura, divórcio, infelicidade, guerra etc., é possível que traduza os acontecimentos que atualmente se passam no mundo. Certos países fazem alianças para permutas comerciais e científicas, permutas essas que são frutíferas, mas outros países estraçalham-se em guerras horríveis, de solução indeterminada.

Assim, o estudo da personalidade é feito a partir dos prenomes, do nome de família e do nome do marido, se se tratar de uma mulher casada. Descobriremos, pois, sucessivamente:

- O Impulso Espiritual, ou Motivação do Ser.
- O Eu íntimo, ou Inconsciente.
- A Expressão.
- A grade de inclusão, ou caracteres principais do ser.
- Os testes da personalidade, revelando as reações do ser diante dos acontecimentos da vida.

CAPÍTULO II

# Significação dos números

O zero, "0", representa o Infinito, é a força Divina. Não tem começo nem fim. Toda vida provém do zero e voltará ao zero. Ele é amor, compreensão, misericórdia, compaixão perdão, saber, sensatez.

Precisamos notar que entre os gregos o zero não existia; supõe-se que tenha sido introduzido na numeração pelos hindus, mais ou menos em 400 d.C., e que os chineses e os árabes o adotaram em seguida. E só apareceu no Ocidente no século XII com a álgebra dos árabes.

Para os algarismos de 1 a 9, 11 e 22, são definidos: o símbolo, o dia da semana, o elemento, o planeta, o signo zodiacal, a cor, a correspondência física que eles representam.

No que concerne à correspondência com os planetas e o signo zodiacal, existem várias interpretações, uma, em particular, que consiste em fazer coincidir os números de 1 a 12 com os signos do Zodíaco, contando-se de 1 a 12 a partir de Áries. De nossa parte, preferimos associar os números e os planetas e, partindo daí, fazer a correspondência com os signos do Zodíaco que eles regem.

A seguir, para o conjunto de números, aparece o sentido geral positivo ou negativo, depois o sentido da lição, ou desafio, que temos de levar em conta para progredir.

**O 1 representa a Animação da Vida, a Força, a Vontade**

- Símbolo: O ponto.
- Dia: Domingo.
- Planeta: O Sol — Signo zodiacal: Leão.
- Elemento: Fogo.
- Cor: Vermelho.
- Órgãos: O coração e as artérias.

O 1 é masculino e positivo. É o Pai, o Criador do Universo, é Deus no céu e o Diabo no inferno, pois o que está embaixo é como o que está no alto. Se a unidade simboliza Deus, ela representa o Eu, a personalidade definida do ser, a vontade de existir e criar, sua autoridade, sua ambição, sua agressividade, sua inteligência, sua energia.

Ele significa, também, independência e isolamento, capacidade de soltar as amarras, realização, orgulho e autoritarismo.

- Negativo: Fracasso — desastre.
- Lição: Aprender a afirmar-se e a se individualizar.
  Não importunar os outros.
  Evitar ser egoísta.

**O 2 representa a Associação e a Dualidade do Homem**

- Símbolo: Yin-Yang.
- Dia: Segunda-feira
- Planeta: A Lua — Signo zodiacal: Câncer.
- Elemento: Água.
- Cor: Laranja.
- Órgãos: Estômago (digestão) — Seios.

O 2 é feminino e negativo. É a mulher, a mãe. Associa-se ao 1 como a mãe se associa ao pai para formar a família. O 2 age em conjunção com o 1. Eles se harmonizam.

O 2 representa o casamento, a associação, a submissão, a obediência, a incapacidade de independência, a incerteza, a mudança, as emoções, a consumação, a paz, o acordo, a aliança, os proveitos, a satisfação, a amizade, o amor.

- Negativo: Divórcio, emoções desagradáveis, nervosismo, infelicidades, desemprego, isolamento, perda ou desacordo, privação, desgosto, dor, conflito, guerra, ruína, destruição, morte, ódio.
- Lição: Aprender a cooperar, a submeter-se, a manter-se retirado. Não se apoiar nos outros.

**O 3 representa a Expressão do Homem, sua Criação, o Fruto**

- Símbolo: O triângulo.
- Dia: Quinta-feira.
- Planeta: Júpiter — Signo zodiacal: Sagitário.
- Elemento: Ar.
- Cor: Amarelo.
- Órgãos: Fígado, vesícula biliar — Coxas.

O 3 representa o nascimento proveniente do casamento do 2 com o 1.

Ele é a expressão, a criação, a colheita rica (cornucópia), a sorte, a fertilidade, o casamento, a expansão, a riqueza, a realização, o sucesso, a criatividade sob todas as formas, a felicidade, a beleza, as criações literárias (se em conjunção com o 9), as outras criações artísticas (se em conjunção com o 6), as relações humanas.

- Negativo: Solidão — conflitos.
- Lição: Aprender a expressar-se por todos os meios.
  Não ficar isolado.
  Abrir-se para os outros.
  Tentar uma vida criativa.
  Não desperdiçar a sua energia.

**O 4 representa a Ação, a Realização do Homem**

- Símbolo: O quadrado.
- Dia: Quarta-feira.
- Planeta: Urano.
- Elemento: Terra.
- Cor: Verde.
- Órgão: Poder de vida, dinamismo do corpo, vitalidade.

É a personificação do espírito, o cérebro, a alma, o corpo do homem. O quatro é simbolizado pelo quadrado; portanto, é limitação, dureza, mas também estabilidade, luta pela existência, trabalho, ordem, resultado dos esforços.

O homem deve compreender que, para avançar, deve servir-se da sua força, do seu poder e do seu saber, pois assim construirá um edifício sólido.

Ele deve sacrificar-se no trabalho e no afã, para crescer, compreender e realizar-se. Deve construir, cumprir, servir, semear, tudo isso com cuidado e, então, conseguirá prosperidade e sucesso social.

Portanto, o 4 também é segurança, os proveitos, o conformismo e as tradições.

- Negativo: Miséria, pobreza, falta de dinheiro, restrição, coisas penosas.
- Lição: Encontrar o equilíbrio.
  Aplicar-se ao trabalho, cuidar dos pormenores.
  Não se deixar levar pela cólera, nem se sentir oprimido pelo trabalho.

**O 5 representa a Evolução do Homem**

- Símbolo: A cruz.
- Dia: Quarta-feira.
- Planeta: Mercúrio — Signo zodiacal: Gêmeos, Virgem.
- Elemento: Ar e Éter.
- Cor: Bege, marrom-claro, marrom-ferrugem.
- Órgãos: Brônquios, pulmões, sistema nervoso, intestinos.

Depois de ter construído sua casa e sua vida, o homem começa a olhar em torno de si e a se ligar àquilo que o cerca. Está procurando o sobrenatural e a vida universal.

O 5 representa o crescimento, as aspirações, a liberdade, a independência, a aventura, o prazer, a sensualidade, a sexualidade, a mudança, a melhora financeira, as viagens, o comércio.

O homem deverá aprender a utilizar sua nova liberdade e, se não fizer isso, surgirão para ele mudanças desagradáveis.

O 5 representa, também, a capacidade de provocar e aceitar mudanças.

- Negativo: Ansiedade, inquietação, insônia, miséria, sofrimento, perda, e a maior das infelicidades: a infidelidade.
- Lição: Aprender a aceitar as mudanças.
  Não abusar da liberdade pessoal.
  Não fazer dela um mau uso (sexualidade desordenada).
  Dominar sua inércia.

**O 6 representa a Harmonia do Homem**

- Símbolo: Dois triângulos opostos.
- Dia: Sexta-feira.
- Planeta: Vênus — Signo zodiacal: Touro, Balança.
- Elemento: Ar e Terra.
- Cor: Azul.
- Órgãos: Veias, garganta, rins.

Percorrendo seu caminho, o homem se encontra presa da solidão, e procura afeto, amizade, amor e casamento. Mas, para isso, deve aceitar e assumir as responsabilidades que disso decorrem e, se não fizer isso, só encontrará desgosto, separação e desastre.

O caminho positivo representa um lar feliz, casamento estável, as responsabilidades, a adaptação, a paz, a harmonia, a reconciliação, a cooperação, o êxito, a segurança, a beleza. O 6, da mesma forma que reclama a aceitação das responsabilidades, também significa acomodação e conciliação. Aliás, a pessoa muito marcada por esse algarismo é um conciliador nato.

- Negativo: Conflito causado pela paixão, sensualidade excessiva, complicações, obrigações, divórcio, fracasso.

- Lição: Aceitar as coisas como elas são. Aprender a adaptar-se a todas as situações.
  Não procurar a perfeição. Advertência contra o divórcio.

**O 7 representa a Perfeição e o Saber do Homem**

- Símbolo: A Estrela, ou signo de Salomão.
- Dia: Segunda-feira.
- Planeta: Netuno — Signo zodiacal: Peixes.
- Elemento: Água.
- Cor: Púrpura.
- Órgãos: Sistema linfático, pés.

O 7 é um número ímpar e positivo. É o número de Deus, e também um número cósmico. Associado ao 7.º dia da semana, ele representa o repouso e a meditação do homem para chegar à Perfeição. Depois de ter cuidado do seu corpo, o homem se deu conta de que devia preocupar-se, também, com a sua alma, sua religião, seu Deus.

O 7 está associado à realeza, à honra, à fama, ao repouso, ao triunfo, à sabedoria. Tem importante papel na política, e significa, igualmente, saber, conhecimento, fidelidade, paz, perfeição, êxito, equilíbrio, imortalidade, introspecção.

- Negativo: Pobreza, solidão, miséria, desacordo, infelicidade, perdas, morte.
- Lição: Ter fé em si mesmo, confiança nos outros.
  Procurar a compreensão, os conhecimentos, o saber.
  Conservar a fé em Deus ou naquilo em que se crê, disciplinar-se.

**O 8 representa a Verdade do Homem**

- Símbolo: A roda, girando nos dois sentidos.
- Dia: Sábado.
- Planeta: Saturno — Signo zodiacal: Capricórnio.
- Elemento: Terra.
- Cor: Cinzento, violeta ou preto.
- Órgãos: Ossos, ligamentos, joelhos.

Depois de ter repousado, o homem deve pôr-se ao trabalho e retomar sua luta pela vida. O algarismo 8 está associado ao lado material das coisas, ao poder que o dinheiro dá, ao governo, ao prestígio. É o crescimento do homem, seu desenvolvimento pelo acúmulo do saber, da compreensão, do poder, do dinheiro e de sua utilização.

Associado a Saturno, é o número do Carma; sob a passagem de um 8, o homem será levado a pagar suas dívidas anteriores (13 — 14 — 16 — 19, dos quais veremos a significação mais adiante). O 8 significa sucessos materiais, ganhos financeiros, autoridade, mas também justiça, retidão e verdade.

- Negativo: Ruína, destruição, fracasso, catástrofe.
- Lição: Aprender a utilização correta do dinheiro e do poder.

  Não pensar unicamente nas coisas materiais, mas também não negligenciá-las.

  Apreciar o dinheiro e o poder em seu justo valor.

  Não acreditar que tudo já aconteceu (nada jamais é completamente obtido).

**O 9 representa a Realização do Homem**

- Símbolo: Os três triângulos (material, espiritual, material superior).
- Dia: Terça-feira.
- Planeta: Marte — Signo zodiacal: Áries.
- Elemento: Fogo.
- Cor: Cinza-terra, bronze, ouro.

O 9, cujo elemento é o fogo, é o impulso para a perfeição material superior, isto é, o amor universal. Desde a sua partida (1), o homem conheceu o caminho da associação (2), da expressão (3), lutou no trabalho (4), conheceu a alegria de estudar livremente (5), aceitou e amou (6), meditou e enriqueceu sua alma (7), dirigiu e realizou (8) e, então, nesse estágio, ele conhece o ciclo completo do homem: ele está realizado.

O 9 significa regeneração, intensidade, serenidade, determinação, liberdade, zelo, sonhos, viagens, grandeza, êxito. O 9 contém o Universo; possui larga visão de todas as coisas, significa a Humanidade, vitória nas finalidades universais e sociais.

- Negativo: Ruína, sacrifício, solidão, fim, desgraça, doença dos nervos, fracasso.
- Lição: Aprender o amor universal, a compreensão e a compaixão.

**O 10 representa a Unidade do Homem**

O homem retorna à unidade depois que conhece o ciclo completo. O 10 é o 1 acompanhado do 0; portanto, é um novo começo, mas um começo mais enriquecedor, já que existe a experiência do ciclo passado. O 10 é o 1 em oitava superior.

É, portanto, o sucesso, a felicidade, a confiança em si, o renascimento. Ele traz novas responsabilidades e requer a adaptação necessária a essa nova evolução. Poderá, assim, trazer altos e baixos e fazer "sofrer" pela adaptação que reclama para as novas circunstâncias. Mas o que importa, já que no fim haverá o êxito, é ter fé.

- Ele não contém lição.
- Ele se conserva totalmente positivo.

**O 11 representa a Revelação e a Ação Absolutas do Homem**

- Dia: Sábado.
- Planeta: Urano — Signo zodiacal: Aquário.
- Elemento: Ar.
- Cor: Encarnado ou rosa.
- Órgãos: Nervos.

O 11 tem de ser considerado de maneira particular e, na medida do possível, não deve ser reduzido a 2 subitamente.

Representado por dois "1", é considerado como número sagrado, pois representa duas vezes Deus.

É a revelação do homem que será dotado de inspiração e não precisará mais do que segui-la para obter êxito e fazer-se senhor. Os que vivem sob esse signo são almas antigas. A inspiração lhes é dada, mas seu dever é revelá-la.

O 11 não é um número favorável no plano material, mas vem a sê-lo em todos os outros domínios. Vivido positivamente, traz sucesso e celebridade. Sua mensagem é coragem e poder espiritual.

- Positivo: Idealismo, fama, sucesso, amor.
- Negativo: Fracasso, miséria, infelicidade, perda, revés completo, nervos doentes, emoções desagradáveis (nesse caso ele se comporta como um 2).
- Lição: Revelar os conhecimentos, em troca da inspiração recebida.
  Não procurar a satisfação dos instintos materiais, nem se ocupar do comércio.

**O 12 representa a Compensação do Homem**

Nascido do 1, positivo, e do 2, negativo, ele convida o homem a expressar-se. O homem procura uma renovação da sua expressão, e enfrenta a escolha entre 1 e 2 para dar nascimento ao 3 do espírito de Deus. Através dessa escolha, ele compreenderá que é uma parte de Deus, e ficará livre dos interesses egoístas que trazia em si. Deixará de ter avidez material e de ter desejos para si mesmo.

A clarividência, ou visão profética, é uma imagem transmitida pela faculdade de pensamento muito elevada, mas para chegar a esse estágio, foi preciso fazer alguns sacrifícios, e aceitá-los voluntariamente.

O número 12 encontra-se nos 12 apóstolos, nas 12 tribos de Israel, criadas pelos 12 filhos de Jacob, nos 12 trabalhos de Hércules ou nas 12 portas que os egípcios deviam atravessar para chegar ao fim da viagem ao outro lado, e que correspondem às 12 etapas da iniciação. Vemos o 12 nos 12 meses do ano, nos 12 signos do Zodíaco, nas 12 horas do dia e nas 12 horas da noite etc.

- Positivo: Conhecimento, caridade, sabedoria.
- Negativo: Perigo, infelicidade.

### O 13 representa a Transformação do Homem

O 13 representa o 4 em força alta, está sempre relacionado ao trabalho, mas a um trabalho de natureza elevada.

O homem e sua expressão espiritual unem-se para engendrar algo de perfeito. A unidade da alma e do espírito realiza-se depois da "morte" do ego.

O número 13 não deve ser considerado como número mau, mas ele pede ao homem que enfrente uma nova fase de responsabilidade, senão a morte material sobrevirá. Para o amor, esse número é particularmente benéfico.

*Dívida Cármica*: Quando o número 13 aparece em um tema, isso significa que a pessoa não foi bastante aplicada em seu trabalho na existência anterior e que outros tiveram de agir em seu lugar. A lição que disso se deve tirar, nesta vida, é a de aplicar-se na realização de sua tarefa, cuidando dos menores detalhes. Algumas pessoas devem dominar o medo da morte.

### O 14 representa o Caminho da Transmutação

O 14 é o 5, mas numa oitava acima.

O espírito do homem tem a tendência de tornar a descer e de regressar na direção da matéria, pois o 5 significa liberdade, sexualidade em aspecto negativo. A primeira mutação se fez com o 5 anunciado pela Estrela de Belém, a segunda mutação se fez pela 14.ª estação do caminho da cruz. O homem deverá fazer sacrifícios para se adaptar e reencontrar o bom caminho.

Provações, sexualidade, movimento, energia, indecisão, marcarão o 14.

*Dívida Cármica*: Ele significa que a pessoa, em vida anterior, abusou da liberdade pessoal no domínio sexual.

Encontrado na "Motivação do ser", o 14 trará histórias sentimentais que terminarão mal. Na Expressão do ser, haverá decepções no domínio material; no caminho do destino: a perda do que lhe for mais querido — trabalho, família, amigos, amor etc.

A lição deve ser duramente aprendida para permitir a assimilação correta da noção de liberdade pessoal.

**O 15 representa o Caminho da Obscuridade**

A unidade, reunida ao 5, dá o 6, que reclama adaptações, mas de natureza espiritual.

A obscuridade é sinônimo de putrefação, de força destrutiva.

O homem do 6 amadurece para vir a ser um mediador, mas, para isso, deve ter a coragem de mergulhar na noite, isto é, em um período de repouso, de solidão. O homem deverá lutar contra si próprio e contra seus instintos perversos.

Espiritualmente, esse caminho lhe traz o equilíbrio através de momentos de repouso e recolhimento necessários à sua regeneração, já que o homem do 6 é muito inclinado a dar, a se dar, sem tomar tempo para receber de novo.

O 15 é associado à perversidade e à Magia Negra.

**O 16 representa o Equilíbrio dos Contrários**

Todo o mal que nos acontece, acontece porque o merecemos. Quanto ao bem, ele vem para nós porque alguém o mereceu por nós.

Do desastre pode sair o melhor. A queda material de um homem é necessária para propiciar a regeneração de sua alma.

Quando souber restabelecer seu equilíbrio interior, sem ter de recorrer a todo instante à "obscuridade", esse homem triunfará, e a glória e o domínio serão seu apanágio. Só se dá ao Justo.

A consciência proíbe-lhe esmagar o próximo e mesclar-se em compromissos indignos.

*Dívida Cármica*: É o Carma dos amores ilegais, que, em vida anterior, podem ter prejudicado outros.

Se encontramos um 16 no Impulso Espiritual, ele prevê um casamento que terminará em divórcio.

Na Expressão, significará a perda de bens materiais.

No Caminho de Vida, pressagia perdas de toda natureza: situação profissional, casa, comércio etc.

**O 17 representa o Caminho da Realização e da Recompensa**

O 1 do homem aliou-se ao 7 do seu espírito para lhe dar o poder, a recompensa. É a Estrela, a recompensa espiritual, sempre justa. É o fruto do trabalho que se torna visível, tangível: a esperança, a inspiração chegam, enfim. Ninguém chega a agir em desespero de causa.

O homem do 8 é o mais honesto dos homens e será recompensado segundo seus méritos.

O número 17 é considerado como particularmente benéfico.

**O 18 representa o Caminho dos Sentidos Interiores**

O 18 simboliza a tristeza, a insatisfação disfarçada; ele é simbolizado pela Lua, que nos leva a caminhar tateando, porque a iluminação é progressiva.

O 18 representa, também, as três vezes o seis do Apocalipse de São João. Ele marca o tempo em que se faz necessário voltar as costas ao mundo terrestre para se preparar para entrar no mundo espiritual.

O homem deverá aprender a ouvir sua alma e usar seu tempo para observar as realidades interiores.

O 18.º caminho é a depuração da espiritualidade do Eremita.

Negativamente, é o pior elemento que os homens podem levar aos seus semelhantes. O poder do homem (8) causa efusão de sangue engendrada por ele próprio (1) e corresponde à fraude, à trapaça, à traição, à guerra, ao homicídio, à violação.

**O 19 representa o Caminho do Renascimento do Homem, o Triunfo**

O 1 junta-se ao 9 do amor cósmico para formar o 10, nova criação. O homem renasce, está no apogeu de suas faculdades espirituais. Liberou-se em relação ao mundo material, adquiriu contentamento, realizou-se em um casamento feliz, obteve sucesso material.

Se o 19 for *Cármico*, o homem deverá pagar suas dívidas de abuso de poder em uma vida anterior, a fim de renascer melhor.

O 19 no Impulso Espiritual pressagia que seus pensamentos secretos serão desvelados; na Expressão, momentos difíceis no curso de sua vida; no Caminho de Vida, perdas de energia e momentos desperdiçados correspondendo a perdas.

Pagas as dívidas, o homem do 19, realizado, poderá trabalhar com as radiações da luz de seus próximos.

**O 20 representa o Caminho da Sabedoria Original e do Acordar do Homem**

O 20 traz ao homem consciência e conhecimento do Universo. Chamado número de vida, pode ser considerado como feliz, se for vivido positivamente, já que será considerado como um 2 em oitava superior.

A irradiação da luz transforma-se, com o homem perfeito, em Sabedoria para ser transmitida aos outros.

Se ele for negativo, o caminho trará obstáculos, dualidades, guerras.

**O 21 representa o Caminho da Elevação do Homem e da Harmonia Interior**

O 21 aparece como número da expressão da verdade e da honra.

Aquele que segue esse caminho encontrará sucesso, saber e terá numerosas possibilidades de criação e expressão.

A pessoa poderá alcançar a consciência cósmica.

**O 22 representa o Caminho da Difusão da Luz sobre a Terra**

- Símbolo: Candelabro de 7 braços.
- Dia: Sexta-feira.
- Planeta: Plutão — Signo zodiacal: Escorpião.
- Elemento: Água.
- Cor: Marrom ou castanho-escuro.
- Órgãos: Órgãos genitais.

A luz espiritual espalha-se sobre a Terra e todos os tormentos têm um fim, quando os homens viveram convenientemente os caminhos precedentes.

O 22, número sagrado — e quanto! — é a última expressão da sabedoria e do domínio de si. É o Número Mestre, por excelência, o Número do Místico.

A natureza está pronta a receber a luz espiritual; por ela, o Homem e o Mundo serão modificados tão brutalmente que será possível falar da volta de Cristo à Terra.

Mas, se o 22 passa a ser 4, faz pressagiar catástrofes para o Mundo. O ano de 1939 foi um ano 22. A cada 9 anos aparece um, e talvez não seja tarde demais para que os grandes deste Mundo reajam, pensando que 1984, ano "22", poderia ser um ano de ressurreição e fraternidade para todos os homens da Terra, com a condição de que 1983, ano "21", fosse vivido positivamente por todos.

- Positivo: Imortalidade, grandeza, realização em tudo.
- Negativo: Ruína completa em todos os domínios, limitações.
- Lições: É preciso construir para o Mundo e para a Humanidade um degrau, mesmo modesto.
  Não se deve praticar a magia negra, pois a punição será a demência.

Em princípio, eu deveria parar aqui a enumeração da significação dos números, se desejasse fazer apenas uma aproximação da Numerologia com as 22 lâminas do Tarô, que começam com o Mágico e terminam com o Louco (tudo ou nada), mas, considerando que também existe uma analogia entre a Numerologia e a Cabala, darei a significação dos números até 32, correspondendo aos 32 caminhos que o homem espiritualmente orientado deve percorrer para chegar à perfeição.

Os 32 caminhos da Cabala, ou lei sagrada, são compostos pelas 22 letras consoantes do alfabeto hebraico e pelos 10 sefirotes que são numerações puras. Para maior precisão, remeto o leitor ao livro do Prof. A. D. Grad: *Para compreender a Cabala*.

Desejo apenas atrair a atenção dos meus leitores para o simples fato de que tudo é ligado no Universo: os algarismos, as tábuas da Lei, a Bíblia, a Cabala, os tarôs, são outras tantas vias que nos permitem seguir melhor nosso caminho e chegar, através do amor e da compreensão, à Perfeição final.

Retomo, então, a explicação dos números, tal como lhes disse que faria.

**O 23 representa o Caminho da Perseverança**

As associações do homem (2) e de sua Expressão (3) levam à liberdade do homem.

No decorrer de sua vida, a pessoa encontrará mudanças favoráveis, novas atividades, e fará viagens.

As vibrações desse número são excelentes e prometem sucesso, fama e felicidade.

**O 24 representa o Caminho da Inteligência Imaginativa ou o Número de Caim**

O 2 se alia ao 4 para formar o 6, e é uma aliança má, que pressagia sofrimento e reclama grandes sacrifícios por parte da pessoa. No curso de sua vida, poderá ser levada a expatriar-se, como Caim fugiu para escapar ao remorso.

**O 25 representa o Caminho da Provação ou Número das Pistas**

O 2, número da submissão, aliado ao 5, número da liberdade, sacudirá a pessoa que segue esse caminho. Ela deverá lutar contra seus instintos, trabalhar para reconhecer e admitir os preceitos divinos, pô-los em prática e encontrar o caminho da virtude. No curso desta vida, possibilidade de nascimento de uma criança.

**O 26 representa o Caminho da Inteligência Renovada**

O 2 aliado ao 6 trará sofrimentos, avidez, desastres, perdas, um amor não realizado. O homem deverá suportar infelicidades para chegar a descobrir o caminho da verdade. O homem deve desembaraçar-se de suas paixões e libertar-se pela prática da virtude.

**O 27 representa o Caminho da Criação na direção da Grande Inteligência**

O 2 alia-se ao 7 para dar uma grande humanidade à pessoa. É a Inteligência divina que ajuda o homem a mostrar aos seus semelhantes os benefícios da virtude, o exceder a si mesmo que permite aceder ao caminho da filosofia sagrada, ao Amor universal.

**O 28 representa o Caminho no qual todos os dons devem ser aperfeiçoados**

Pelo aperfeiçoamento dos preceitos divinos que o homem adquiriu — amar e praticar as virtudes divinas — a luz divina se introduzirá na alma da pessoa, que encontrará o Caminho da Sabedoria.

**O 29 representa o Caminho da Razão Corporal**

Igual ao 11 da Inspiração divina, esse Caminho, composto pelo 2 e pelo 9, pede àquele que o segue reflexão sobre tudo que possa ajudá-lo a purificar seu corpo e sua alma, a fim de compreender melhor as leis que governam nossa vida.

**O 30 representa o Caminho da Razão Coletiva**

É o caminho da mais alta expressão, composto do 3 e do zero do infinito, e podemos bem apostar que a pessoa que segue esse caminho sabe expressar ao mundo inteiro os preceitos da Verdade Divina.

**O 31 representa o Caminho dos Movimentos**

Composto pelo 1 e pelo 3 para chegar a 4, esse caminho representa um trabalho a realizar, mas um trabalho de alta importância, que deve ser de proveito para os outros. A pessoa se revelerá o vector do pensamento divino para nele transmitir a mensagem. Por muito trabalhoso e penoso que seja esse caminho, o que o seguir será plenamente realizado.

**O 32 representa o Caminho da Luz**

O que chega a esse caminho está purificado, converteu-se definitivamente à virtude. Descobriu a ordem divina do Universo e reconheceu, na qualidade de homem, o organizador do Universo. Tem, agora, um corpo "luminoso", e precisa, daí por diante, de um lugar onde esse corpo possa habitar.

Esse lugar situa-se exatamente acima daquele que ocupam os entes perecíveis e que os pitagóricos chamam de "O ÉTER LIVRE". A pessoa tornou-se, pois, "um deus imortal e liberto para sempre da Morte".

***

— "E se, depois de teres abandonado o teu corpo, chegares ao éter livre.

Tomando para cocheiro a excelente Inteligência do alto.

Serás um deus imortal, incorruptível e para sempre liberto da Morte".

Pitágoras

CAPÍTULO III

# Significação das letras

Da mesma forma que para os algarismos e para os números, pareceu-me essencial, antes de abordar o estudo de um tema numerológico, dar a significação das letras.

Antes de tudo, uma tradução simples de cada letra do alfabeto, que tomei emprestada ao Dr. Roger Halfon, utilizada nos testes de personalidade; em seguida, teremos uma classificação mais precisa, segundo o plano no qual a letra se encontra: físico — afetivo — espiritual.

Cada prenome corresponde a um plano particular: o primeiro é atribuído ao plano físico, o segundo, ao plano afetivo, e o terceiro, ao plano espiritual. O nome de família reagrupa os três planos.

Quando existe apenas um prenome, os três planos ficam misturados. Em certos casos as pessoas podem sentir certas dissonâncias.

Além de sua significação, cada letra comporta um valor cifrado, cujo sentido vai aparecer nos Números estudados daqui para a frente.

*A — Valor 1 — Duração da passagem: 1 ano.*
Iniciativa — Comando — Agressividade — Cerebralidade.

*B — Valor 2 — Duração da passagem: 2 anos.*
Introversão — Inclinar-se sobre si mesmo.

*C — Valor 3 — Duração da passagem: 3 anos.*
Intuição — Percepção do outro.

*D — Valor 4 — Duração da passagem: 4 anos.*
Extroversão — Ligação com o exterior — Senso do aparecer.

*E — Valor 5 — Duração da passagem: 5 anos.*
Energia e comunicação.

*F — Valor 6 — Duração da passagem: 6 anos.*
Senso das responsabilidades para com a família.

*G — Valor 7 — Duração da passagem: 7 anos.*
Caráter secreto e prisioneiro de si próprio.

*H — Valor 8 — Duração da passagem: 8 anos.*
Atividade que se realiza na direção da espiritualidade ou da materialidade.

*I — Valor 9 — Duração da passagem: 9 anos.*
Emoção — Nervosismo.

*J — Valor 1 — Duração da passagem: 1 ano.*
Personalidade brilhante, bem implantada socialmente.

*K — Valor 2 (oriundo do 11) — Duração da passagem: 2 anos.*
Angústia e agressividade.

*L — Valor 3 — Duração da passagem: 3 anos.*
Tendência à análise crítica das situações.

*M — Valor 4 — Duração da passagem: 4 anos.*
Maçom do alfabeto — Grande atividade física.

*N — Valor 5 — Duração da passagem: 5 anos.*
Movimento e procura da novidade.

*O — Valor 6 — Duração da passagem: 6 anos.*
Idealismo — Emotividade controlada.

*P — Valor 7 — Duração da passagem: 7 anos.*
Reserva e discrição.

*Q — Valor 8 — Duração da passagem: 8 anos.*
Ir ao fundo de cada situação.

*R — Valor 9 — Duração da passagem: 9 anos.*
Emotividade muito grande — Possibilidades ocultas.

*S — Valor 1 — Duração da passagem: 1 ano.*
Natureza esquiva, dificilmente acessível.

*T — Valor 2 — Duração da passagem: 2 anos.*
Limitação — Tendência a bloquear.

*U — Valor 3 — Duração da passagem: 3 anos.*
Imaginação — Revolta.

*V — Valor 4 (oriundo do 22) — Duração da passagem: 4 anos.*
Misticismo — Vontade — Escuta do outro.

*W — Valor 5 — Duração da passagem: 5 anos.*
Procura da verdade.

*X — Valor 6 — Duração da passagem: 6 anos.*
Sacrifício e renúncia.

*Y — Valor 7 — Duração da passagem: 7 anos.*
Natureza mediúnica — Pode viver muitas mudanças, às vezes dolorosas.

*Z — Valor 8 — Duração da passagem: 8 anos.*
Senso da matéria.

| LETRAS | FÍSICO | AFETIVO | ESPIRITUAL |
| --- | --- | --- | --- |
| A<br>Cerebral<br>Criativo | *Antes dos dez anos:*<br>Atividade, mudança de casa.<br>*Depois dos 10 anos:*<br>Mudanças, transtornos. | *Antes dos dez anos:*<br>Mudanças emocionais.<br>*Depois dos dez anos:*<br>Fim de certos relacionamentos humanos e novos encontros. | Período favorável para uma nova partida. |
| B<br>Emotivo<br>Vacilante | *Antes dos 11 anos:*<br>Problemas nervosos, condições familiares imperfeitas.<br>*Depois dos 11 anos:*<br>Sinal de má saude; finanças e plano material maus. | *Antes dos 11 anos:*<br>Infelicidade na família. Brigas.<br>*Depois dos 11 anos:*<br>Destruidor, anuncia quase sempre ruptura de aliança, provoca sofrimento moral, possível separação de entes queridos. | Nada importante nesse domínio. |
| C<br>Intuitivo<br>Terra-a-terra | Compensa as más letras financeiras.<br>*Antes dos 12 anos:*<br>Inteligência, criatividade.<br>*Depois dos 12 anos:*<br>Criatividade, viagens, interesses artísticos.<br>Procura da beleza, 3 anos durante os quais haverá aumento de interesse pela mundanidade. | Período de felicidade afetiva em todas as idades. | Novidade na vida espiritual. Letra muito boa. |

| LETRAS | FÍSICO | AFETIVO | ESPIRITUAL |
|---|---|---|---|
| D<br>Físico<br>Terra-a-terra | *Antes dos 13 anos:*<br>Má saúde, esforços físicos. Aborrecimentos levando à mudança de casa.<br>*Depois dos 13 anos:*<br>Viagens de longa duração; seguida de um "U": viagem desagradável. Ferimentos graves, ou morte de um parente. | Pouco efeito na primeira infância.<br>*Depois dos 13 anos:*<br>Poderá trazer transtornos de natureza sentimental. Questões possíveis com a justiça durante a sua passagem. | Período de tensão nervosa. |
| E<br>Físico<br>Criativo | *Antes dos 14 anos:*<br>Instabilidade.<br>*Depois dos 14 anos:*<br>Boa saúde, mudança de domicílio ou situação.<br>Coisas de pouca duração. Desarranjos positivos ou negativos, segundo as letras que se seguirão. | *Antes dos 14 anos:*<br>Grande desejo de liberdade. Problemas em casa.<br>*Depois dos 14 anos:*<br>Mais aventuras sentimentais, felizes porém sem casamento durável. | Muitas mudanças.<br>Novas experiências espirituais.<br>Letra bastante boa nessa posição. |
| F<br>Intuitivo<br>Vacilante | *Antes dos 15 anos:*<br>Vida familiar infeliz, excesso de responsabilidades.<br>*Depois dos 15 anos:*<br>Responsabilidades importantes. Transtornos em casa, sobretudo no meio do ciclo de 6 anos. | Problemas de família e responsabilidades. | Paz e harmonia na vida, bem como uma nova percepção. |

| LETRAS | FÍSICO | AFETIVO | ESPIRITUAL |
|---|---|---|---|
| G<br><br>Cerebral<br>Terra-a-terra | *Até os 16 anos:*<br>Criança reservada e retirada. Vida familiar sem problemas.<br><br>*Depois dos 16 anos:*<br>Lucros financeiros.<br><br>*Antes dos 17 anos:*<br>Altos e baixos. | *Até os 16 anos:*<br>Irritabilidade, emoções mutáveis.<br><br>*Depois dos 16 anos:*<br>Período de relacionamentos difíceis. | Período de espera. |
| H<br><br>Cerebral<br>Vacilante | *Depois dos 17 anos:*<br>Relaciona-se com os fatos materiais, que sofrerão altos e baixos. | Altos e baixos. | Relacionado com as finanças.<br>Terá pouca influência sobre as coisas do espírito. |
| I<br><br>Emotivo<br>Criativo | Letra má, implica atraso, acidente, divórcio, infelicidade. Perturbações nervosas, má saúde, segundo as letras imediatas (sensível, principalmente no 4º e no 5º anos de sua passagem). | Destruição de si mesmo, divórcio, negócios rompidos durante a sua passagem, sofrimento.<br><br>Vigiar o 5º ano. | É, certamente, a melhor posição para um "T". Período de introspecção. Exame de consciência. Mudanças favoráveis. |

| LETRAS | FÍSICO | AFETIVO | ESPIRITUAL |
|---|---|---|---|
| J<br><br>Cerebral<br>Vacilante | *Antes dos 10 anos:*<br>Criança inteligente e ativa, pronta a aprender.<br><br>*Depois de 10 anos:*<br>Responsabilidades muito favoráveis. Avanço no trabalho. Contatos benéficos nos negócios. | *Antes dos 10 anos:*<br>Transtornos na vida familiar. Responsabilidades.<br><br>*Depois dos 10 anos:*<br>Relacionamentos humanos rompidos. Muitos mal-entendidos. | Sem relacionamento com o plano espiritual. |
| K<br><br>Intuitivo<br>Criativo | Tensão nervosa. | *Antes dos 11 anos:*<br>Modificações na família.<br><br>*Depois dos 11 anos:*<br>Perturbações afetivas. | Inspiração, revelações, modificação espiritual importante na vida. |
| L<br><br>Cerebral<br>Terra-a-terra | A criança que estiver sob a sua influência será inteligente, de boa saúde e criativa.<br><br>*Depois dos 12 anos:*<br>Êxito e felicidade, grandes viagens. | Uma das melhores posições. Felicidade, alegria, beleza, bom signo para os relacionamentos duráveis e uma vida sem preocupações. | Período de enorme melhoramento no domínio espiritual. |

| LETRAS | FÍSICO | AFETIVO | ESPIRITUAL |
|---|---|---|---|
| M<br><br>Físico<br>Terra-a-terra | Mau signo para a saúde. Trará mudanças de casa e viagens desagradáveis.<br><br>*Antes dos 13 anos:*<br>Pouca resistência física.<br>*Depois dos 13 anos:*<br>Má influência sobre as finanças. | Vida familiar boa e estável.<br><br>*Depois dos 13 anos:*<br>Casamento no meio da passagem. Se a pessoa for casada, aventura extraconjugal, cujos resultados serão maus. | Época de confusão interior. Trará desgraça no domínio espiritual, sem paliativo. |
| N<br><br>Cerebral<br>Vacilante | *Antes dos 14 anos:*<br>Mudanças, boas ou más.<br><br>*Depois dos 14 anos:*<br>Dinheiro, viagens: traz muitas modificações no domínio material, muitas mudanças rápidas, também na vida material. | Vida emocional com altos e baixos.<br><br>*Depois dos 14 anos:*<br>Amor sexual ou físico. Promete numerosas ligações passageiras. Poucas amizades permanentes. | Mudanças, às vezes para melhor, outras vezes para pior, mas sempre mudanças. |
| O<br><br>Emotivo<br>Criativo | Letra de proteção da saúde. Vida familiar estável.<br><br>*Depois dos 15 anos:*<br>Viagens, lucros materiais, novas responsabilidades de natureza agradável. | Para a criança, vida protegida e estável. Segurança afetiva.<br><br>*Depois dos 15 anos:*<br>Felicidade sentimental. Vida familiar protegida, casamento possível para os celibatários, à altura do 3º ou 4º anos da passagem. | Compreensão espiritual em que a pessoa aprenderá muitas coisas e irá sentir-se feliz e tranqüila. |

| LETRAS | FÍSICO | AFETIVO | ESPIRITUAL |
|---|---|---|---|
| P<br><br>Cerebral<br>Vacilante | *Antes dos 16 anos:*<br>Irritabilidade, solidão, reserva.<br><br>*Depois dos 16 anos:*<br>Período difícil no domínio afetivo. Negócios de natureza secreta. | *Antes dos 16 anos:*<br>Emoção e interesse importante para o sexo.<br><br>*Depois dos 16 anos:*<br>Numerosas ligações clandestinas mas pouca felicidade. | Traz muita sensatez. Período de progresso nesse domínio. |
| Q<br><br>Intuitivo<br>Vacilante | Aplica-se principalmente aos casos de dinheiro, poder, autoridade e lucros. Mudanças de casa favoráveis para obter mais conforto. Saúde boa. | Plano afetivo defeituoso.<br><br>Letra de dinheiro. | Anuncia regressões. |
| R<br><br>Emotivo<br>Criativo | Mau no plano físico pelo risco de acidente.<br><br>Perdas, atrasos, sacrifícios. Saúde diminuída. Vigiar as mudanças de um lugar para outro (negatividade acentuada durante o 4º e o 5º anos). | Durante a infância, sofrimento afetivo na vida familiar. Adulto: ruptura dos relacionamentos sentimentais (sobretudo no 4º e 5º anos), em que o casamento pode transformar-se em divórcio. Desfavorável sentimentalmente. | Favorável ao plano espiritual: novos conhecimentos espirituais, mas com sofrimentos. |

| LETRAS | FÍSICO | AFETIVO | ESPIRITUAL |
|---|---|---|---|
| S<br><br>Emotivo<br>Vacilante | Melhora no lar. Perturbações nervosas, porém mudanças benéficas.<br><br>Boa vibração. Viagens, mudanças de casa, interesses sentimentais. | Muitas perturbações, mas a coisas se arranjam depois da sua passagem.<br><br>*Antes dos 11 anos:*<br>Praticamente sem efeito. | Período delicado. Novos conceitos (compreensão nova das coisas).<br><br>Pouca influência no plano espiritual. |
| T<br><br>Emotivo<br>Vacilante | | *Depois dos 11 anos:*<br>Casamento, seguido de um "O", casamento feliz; seguido de um "P", longa história de amor clandestino; precedido de um "O", fim do casamento; de um "P", aventura secreta, no mesmo plano em que o casamento "O", feliz e durável. Com um "P", ligação secreta descoberta. | |
| U<br><br>Intuitivo<br>Vacilante | Sinal de perda.<br><br>*Antes dos 12 anos:*<br>Perda no lar. Reunido a um "R", morte de parente próximo.<br><br>*Depois dos 12 anos:*<br>Dificuldades financeiras, perda de bens. | Letra má em todas as idades, perda no campo afetivo.<br><br>Período de grandes transtornos. | Período de frustração. A pessoa poderá fazer outras sofrerem. |

| LETRAS | FÍSICO | AFETIVO | ESPIRITUAL |
|---|---|---|---|
| V<br><br>Intuitivo<br>Terra-a-terra | Boa saúde, estabilidade nas relações da vida e com os amigos.<br><br>*Depois dos 22 anos:*<br>Êxito. | Relações afetivas felizes. | Período construtivo.<br><br>Realizações espirituais positivas. |
| W<br><br>Físico<br>Vacilante | Trampolim — mudança de casa ou de relações.<br><br>*Depois dos 14 anos:*<br>Mau para as finanças e o domínio afetivo.<br>Alternância rápida do bom e do mau. | Mudanças afetivas em todos os períodos da vida; instabilidade afetiva durante o 3º ano da sua passagem, começo ou fim de um caso importante. | Modificação no modo de pensar.<br><br>Possibilidade de mudança de religião. |
| X<br><br>Emotivo<br>Vacilante | *Antes dos 15 anos:*<br>Saúde má.<br><br>*Depois dos 15 anos:*<br>Boa situação, autoridade, reserva, mas problemas de saúde, falta de resistência. Infâmia possível. | Tensões afetivas. Relacionamentos afetivos defeituosos. | Mau. Anuncia a prática de magia negra. |

| LETRAS | FÍSICO | AFETIVO | ESPIRITUAL |
|---|---|---|---|
| Y<br><br>Intuitivo<br>Vacilante | Nenhuma influência no plano da saúde. Muitas decisões a tomar; elas modificarão a vida, sobretudo ao meio da passagem da letra. Oscilação no plano material. | Período de compromissos afetivos irrefletidos e secretos. Tendência ao alcoolismo ou às drogas. Más emoções. Os compromissos assumidos durante a passagem desta letra degeneram-se. | Letra boa no plano espiritual, encruzilhada com resultados positivos. |
| Z<br><br>Emotivo<br>Criativo | Vibração nervosa, dando agressividade na infância.<br><br>*Depois dos 17 anos:*<br>Sucesso e lucros materiais e financeiros. | Pouco efeito sobre o plano afetivo, mas a pessoa será muito egocêntrica e de convívio difícil durante a passagem dessa letra. | Pouca influência sobre o espírito, a não ser que se conserve positivo. Não sendo assim, infelicidade. |

Embora um tanto longa, essa enumeração do valor dos algarismos e das letras era necessária para um melhor discernimento da articulação dos números e das letras entre si.

O leitor já pôde observar que os números e as letras possuem vibrações de um alcance mais ou menos longo sobre a existência. Se as vibrações são positivas, a vida será positiva, enriquecedora, feliz, mas, se foram negativas e de longo alcance, a duração das dificuldades será longa e a vida será, senão negativa, pelo menos não muito feliz, semeada de obstáculos e de provações a enfrentar.

Se a data do nascimento não pode ser modificada, modificando, dessa forma, o destino, é perfeitamente possível mudar o prenome para suprimir as más vibrações do início. Pensam que, se Fernand Contandin tivesse continuado a usar esse nome, teria chegado a se tornar tão célebre como o nosso simpático e brilhante artista Fernandel?

Deixo aos leitores o cuidado de meditar, para seu aproveitamento, nesse aspecto da questão.

Para que possam compreender melhor os benefícios de se conhecer a Numerologia, proponho estudar, em seus aspectos principais, a personalidade de Napoléon Bonaparte.

— Por quê?

— Porque Napoléon Bonaparte é conhecido de todos e é a única personalidade ilustre da qual eu possuía o fac-símile do registro de nascimento, dando-me, com precisão, seu nome, seu prenome, bem como a data do nascimento.

Para levar o leitor a compreender melhor essa ciência, vou dar-lhe tempo de treinar, tentando analisar este ou aquele ano do destino desse homem extraordinário, cuja soma das letras é 22. Sua vida ilustra perfeitamente a significação desse número.

Tendo alcançado o ponto mais alto da glória, ali não se pôde conservar, por motivos que vamos descobrir juntos.

CAPÍTULO IV

# Impulso espiritual, ou impulso da alma, ou motivação do ser

*"Saber nunca é mais do que um degrau,*
*Um degrau para ser."*

Paul Valéry

Para estudar esse aspecto do ser, utiliza-se o gráfico das vogais, que são colocadas da seguinte maneira:

| NAPOLÉON | BONAPARTE | |
|---|---|---|
| 9 | 4 | = 13 = 4 |
| 18 | 13 | = 31 = 4 |
| 1 6 5 6 | 6 1 1 5 | = 31 = 4 |
| N A P O L É O N | B O N A P A R T E | |

Essa forma de colocar os números é a única de fato válida: ela teve origem em Pitágoras, e não penso que haja motivo para modificar o gráfico estabelecido por aquele gênio.

O Impulso Espiritual, ou Impulso da Alma, ou Motivação do Ser, é o desejo profundo, que só a pessoa conhece.

A decomposição sucessiva dos números permite-nos constatar que o número 13 aparece no nível do nome de família de Napoléon. Ele tinha uma dívida cármica a recuperar, no plano de trabalho. Podemos, também, constatar que o "13" retorna, finalmente, para formar o 4.

— Que significa esse 4 no plano da Motivação?

— O 4 traz um gosto pronunciado pela ordem, a precisão, o trabalho.

A pessoa procura a solidez e a regularidade no trabalho. Ama a tradição, suscita confiança, mas é exigente, pedindo aos outros a reciprocidade dessas qualidades.

É evidente que não se pode negar a força do caráter de Napoleão, nem seu magnetismo, que soube levar seus soldados às maiores batalhas. Esse é o apanágio das pessoas que têm um impulso espiritual 4.

O número 18 aparece, dando força de vontade a quem o possui e o desejo de avançar. De 7 vogais, 3 são "A", mostrando uma grande inteligência, brilhante, bem como uma autoridade incontestável. Os três "6" denotam o desejo de possuir uma família unida e estável, de ter responsabilidades importantes, e o "5" mostra um desejo de evolução e de mudança.

O "9" de Napoléon dá o gosto pelos estudos, a sede de conhecimentos e também o desejo de instruir os outros e de criar grandes coisas para o povo.

Para chegar a dominar e realizar bem essa aspiração espiritual, Napoléon precisava levar em conta a seguinte lição:

— Essa lição, que ainda é chamada desafio, corresponde às qualidades que faltam ao nosso ser e que precisamos adquirir, ou aos defeitos que devemos dominar para evitar todas as suas desagradáveis conseqüências sobre o nosso futuro.

O algarismo do desafio é obtido subtraindo-se a primeira vogal da última, ou vice-versa, ou seja:

Primeira vogal: A = 1
Última vogal: E = 5
5 − 1 = 4

O desafio do Impulso Espiritual é 4. Isso quer dizer que Napoléon devia trabalhar, cuidar dos pormenores, sem, todavia, se exaurir. Devia evitar qualquer atividade que envolvesse discórdias, ou confusão, a fim de ter um completo êxito em sua tarefa.

*
**

Vou indicar-lhes, agora, o sentido do Impulso Espiritual cujo número seja diferente do de Napoléon.

Seu sentido é geral, como para Napoléon; assim, convém procurar a significação dos números ou dos algarismos utilizados para a obtenção do resultado final. Portanto, para cada ser, do qual tivermos definido o Impulso Espiritual, será necessário procurar o desafio a vencer.

**Impulso Espiritual 1**

Trata-se de pessoa entusiasta, ambiciosa, que quer vencer, dominar e mandar.

É inteligente, brilhante e gosta de se fazer admirar. Está interessada em projetos de grande envergadura, que verá em suas grandes linhas, sem se ocupar dos pormenores.

É suscetível de ser um pouco jactancioso e, geralmente, falta-lhe paciência. Possui, além disso, vontade forte, energia, orgulho e não lhe falta uma certa nobreza, que lhe permite voltar-se para seu próximo menos favorecido que ela.

**Impulso Espiritual 2**

Essa pessoa gosta das associações, das alianças. Não aprecia a solidão e procurará a companhia das pessoas e a felicidade delas. Gosta de conforto, deseja um lar feliz, um casamento por amor. É sensível, sentimental, afetuosa, terna. Contudo, sob a influência do 2, terá alternâncias de otimismo e pessimismo.

Não é de ambição feroz, mas é suficientemente esperto para ter sucesso. Sabe demonstrar paciência.

**Impulso Espiritual 3**

A pessoa que tem o número 3 como impulso espiritual é um ser extrovertido, amável, sorridente, sociável, mas um pouco tímido. Dispõe de qualidades criativas importantes e procurará expressar-se por todos os meios. Tem senso artístico e estético muito desenvolvido. Gostará de rodear-se de coisas bonitas. Aprecia a beleza, para si e para os outros.

É otimista por natureza, otimismo que tentará transmitir aos que a rodeiam.

Procurará o amor e o seu calor, mas também o amor espiritual. Poderá mostrar-se fanática até a destruição.

**Impulso Espiritual 4** (Ver o de Napoléon)

**Impulso Espiritual 5**

O "5" no Impulso Espiritual dá uma personalidade original, independente, nervosa, emotiva, mas de um magnetismo cheio de encanto.

Essa pessoa exigirá muita liberdade pessoal em todos os domínios, desejando e aceitando as modificações.

Possui um grande poder de adaptação. Seu espírito é curioso e muito inteligente, interessado por tudo e podendo apaixonar-se por diversas disciplinas. Tem gosto pronunciado pelas viagens, que satisfarão seu desejo de novidade.

Levado ao extremo, o "5" poderá trazer-lhe inconstância e instabilidade, tudo dependendo dos outros algarismos que aparecerem em seu tema.

**Impulso Espiritual 6**

Esse impulso dá àquele que o possui o espírito da família, o gosto pela casa. Trata-se de uma criatura pacífica, que ama a paz e tudo fará para que ela reine em torno de si. É um conciliador nato. Muito compreensivo, está pronto a ouvir com atenção os problemas do seu próximo. Gosta das responsabilidades, e procura-as.

Em resumo, o Impulso Espiritual "6" mostra-nos uma pessoa simpática, boa, calma, amiga da ordem, afetuosa, regozijando-se com o amor e a beleza que podem reinar em torno dela.

**Impulso Espiritual 7**

O "7" marca o ser em sua vida interior, que é rica, intensa, dando-lhe filosofia, intelectualidade e profunda inteligência. Ele tem isso em segredo, não revelando facilmente seus pensamentos.

Vive, muitas vezes, "nas nuvens" e comunica-se facilmente com o Cosmos. Revela-se conservador, sem idéias revolucionárias. Prefere a calma, a tranqüilidade, que lhe permitem meditar. É feito para ser só, a fim de adiantar-se melhor e atingir, às vezes com o auxílio de seus semelhantes, a meta que fixou para si próprio, seja espiritual ou material.

**Impulso Espiritual 8**

Para muitos, o algarismo é um sinal secreto. O ser cujo impulso espiritual for 8 parecerá aos seus semelhantes um tanto secreto, difícil de conhecer. Essa pessoa procura a verdade, luta pela justiça e pela retidão, é corajosa, e seus semelhantes têm grande confiança nela. Terá sucesso a partir de esforços, de luta, de compromissos, de trabalho encarniçado, os quais, no fim da vida, trarão a recompensa e a conclusão decorrentes de suas profundas aspirações, pois que ele ama o poder, o êxito, possui um senso agudo dos negócios, e deseja ter êxito.

**Impulso Espiritual 9**

A pessoa marcada pelo algarismo "9" é um ser que busca erudição e é atraído pelos conhecimentos universais. É um sábio, que gostará de transmitir seus conhecimentos, se puder sentir-se notado e compreendido.

Trata-se de alguém muito positivo, sem tempo para ter depressões. Está pronto a seguir adiante, a ser o guia, o Mestre que se procura. É bastante individualista e só aceita viver em comunidade se for estimado e respeitado, e, nessas condições, é bom companheiro, fiel e compassivo.

**Impulso Espiritual 11**

A pessoa terá ideais elevados e se mostrará exigente quanto aos lugares que freqüenta e suas associações, porque deseja partilhar seus pensamentos com os outros.

É preciso não esquecer que o 11 é um "Número Mestre", composto de dois "1", ou seja, duas vezes o número de Deus, e que traz ao que o possui a revelação e a inspiração. Sua inteligência extraordinária eleva-se acima das faculdades do pensamento de seus semelhantes e lhe dá uma ampla visão da vida.

Durante toda a sua vida essa pessoa manterá seus fins elevados, tentando, pelas suas ações, aproximar-se do poder Divino.

**Impulso Espiritual 22**

Aquele que possui esse número deseja construir para a humanidade. O 22 é o último dos dois "Números Mestres", é menos egoísta, e é o símbolo do Sábio.

Essa pessoa, pelos seus conhecimentos, poderá ser um homem capaz de descoberta científica proveitosa para a humanidade, um grande viajante em busca de descobertas extraordinárias com que irá beneficiar seus semelhantes. Suas aspirações serão mais espirituais do que materiais.

CAPÍTULO V

# O eu íntimo ou eu oculto

Para encontrar o Eu Íntimo, retoma-se a identidade da pessoa e faz-se a conotação de cada consoante, da mesma maneira como foi feito para o Impulso Espiritual.

| | | |
|---|---|---|
| 9 | 4 | = 13 = 4 |
| 18 | 13 | = 31 = 4 |
| 1 6 5 6 | 6 1 1 5 | = 31 = 4 |
| N A P O L É O N | B O N A P A R T E | |
| 5 7 3 5 | 2 5 7 9 2 | = 45 = 9 |
| 20 | 25 | = 45 = 9 |
| 2 | 7 | = 9 |

A definição que se pode dar ao "Eu Íntimo" é como sendo aquilo que parece à pessoa importante de ser realizado, que ela deve fazer, que ela deve criar ou cumprir em sua vida.

É o domínio do Inconsciente, e contém os sonhos, que se manifestam em seus fantasmas.

Como para o Impulso da Alma, as palavras-chave são utilizadas na definição desse Inconsciente, mas é preciso procurar, atrás do número final, os algarismos que o determinaram, para encontrar as influências secundárias.

Aqui, encontramos a mudança, a evolução, a associação, o casamento, a idéia do poder de Deus, o desejo de construir alguma coisa de grande, mas que deve ser abençoada por

Deus. Há, também, a criação, a expressão dada pelo "L". O "9" final significa que Napoléon desejava "servir" seus semelhantes, mas, também, dirigi-los e levá-los ao seu destino fora do comum (7-9-2).

**Outros valores do Eu Íntimo ou Inconsciente**

1. — Direção.
2. — Associação, casamento, companhia.
3. — Expressão, criação.
4. — Trabalho, construção.
5. — Liberdade, mudança, evolução.
6. — Responsabilidades.
7. — Cultura, sabedoria.
8. — Realização material.
9. — Servir à humanidade ou à coletividade.
11. — Inspiração, revelação.
22. — Construção para o Universo.

O desafio do Inconsciente é encontrado seguindo-se o mesmo procedimento utilizado para calcular o do Impulso Espiritual. Para o caso de que estamos tratando, é igual a 3: Napoléon não devia voltar-se para si próprio, teria de comunicar-se mais com os outros e com os seus, a fim de que melhor partilhasse de suas profundas ambições.

CAPÍTULO VI

# A expressão do ser

*"Um homem é a soma de seus atos, do que fez e do que pode fazer."*

André Malraux

A Expressão corresponde bem ao que a palavra significa. Ela representa a soma das faculdades de uma personalidade, a forma pela qual essa pessoa se apresenta à nossa percepção.

Esse estudo permite descobrir a vida profissional para a qual somos feitos, o que melhor nos conviria efetuar para nos realizarmos plenamente — em uma palavra, para nos desenvolvermos.

Para obter a Expressão de uma pessoa, basta juntar o Impulso Espiritual com o Eu Íntimo.

| | | |
|---|---|---|
| 9 | 4 | = 13 = 4 |
| 18 | 13 | = 31 = 4 |
| 1 6 5 6 | 6 1 1 5 | = 31 = 4 |
| N A P O L É O N | B O N A P A R T E | |
| 5 7 3 5 | 2 5 7 9 2 | = 45 = 9 |
| 20 | 25 | = 45 = 9 |
| 5 1 7 6 3 5 6 5 | 2 6 5 1 7 1 9 2 5 | = 76 = 13 = 4 |
| 38 | 38 | = 76 = 13 = 4 |
| 11 | 11 | = 22 = 4 |

A Expressão 22 de Napoléon, surgindo pela soma dos dois números finais, "11" é bastante notável. Napoléon e Bonaparte, coisa rara, são do mesmo valor "38", embora compostos de algarismos de diferentes valores e de um número de letras diferente. Deixo-lhes o cuidado de meditar sobre esse aspecto.

Uma Expressão "22" dá pessoas dotadas para se tornarem grandes construtores, para ocuparem lugar preponderante no mundo. São os grandes idealistas, grandes criadores de ampla visão quanto aos acontecimentos e às coisas. Têm possibilidades de sucesso mundial, mas cabe-lhes trabalhar, *antes de tudo*, para o bem da humanidade. Não devem pensar em si próprios.

Seu lado negativo: oportunismo, ambição desmesurada, instigação.

A diversidade dos algarismos que compõem a Expressão dá todos os aspectos da personalidade, a razão de ser e a maneira de reagir na existência. É, pois, uma verdadeira interpretação do homem, em função dos números.

Os leitores encontrarão, a seguir, o sentido geral dos outros números da Expressão.

**Expressão 1** ·

Pessoa independente, solitária, dirigindo os outros. Ambiciosa, mas criativa. Deseja realizar-se e criar.

Negativo: Egoísmo, autoritarismo.

**Expressão 2**

Pessoa com mais tendência a ser dependente, trabalhando bem com outras. O bom Segundo, o bom Assistente, aquele que coopera bem nas associações e que, em princípio, será casado.

Negativo: Dependência grande demais. Incapacidade de agir sozinho, moralmente ou materialmente, sem o concurso de outros.

**Expressão 3**

Pessoa extrovertida, amável, sociável, artista, criador em artes: música, artes plásticas, moda, teatro, cinema, literatura etc.

Negativo: Gabolice, tendência a fazer papel de *clown*.

**Expressão 4**

Homem trabalhador, pobre, corajoso, rotineiro, meticuloso e preciso. Admira as construções sólidas, tendo-as submetido a provas. Tradicionalista.

Negativo: Melancolia, severidade, repressão.

**Expressão 5**

Homem independente, amante da liberdade, à procura de mudança e evolução. Viajante, extrovertido, bem-informado. Espírito aberto às técnicas do momento e às ciências esotéricas.

Negativo: Irresponsabilidade, sensualidade transbordante, instabilidade constante.

**Expressão 6**

Homem que constrói um lar, assume responsabilidades em todos os domínios. Compreensivo, estável, conciliador.

Negativo: Ciúme. Tendência a se imiscuir em negócios alheios mais do que seria razoável.

**Expressão 7**

Pessoa filosófica, que procura a verdade e respostas às suas indagações espirituais. Introvertida, reservada, anticomercial.

Negativo: Introspecção, indiferença, tristeza.

**Expressão 8**

Pessoa voltada para as coisas materiais, as finanças, o êxito em negócios e as grandes empresas. É o homem de negócios por excelência, enérgico e duro, que procura a prosperidade material.

Negativo: Ambição desmedida, sede de poder, implacabilidade.

**Expressão 9**

Pessoa que procura erudição, que ama os estudos: o docente. Tem uma visão global das coisas e não gosta de ficar encerrado em um universo estreito. Tem necessidade de espaço e quer construir em grande escala.

Negativo: Irrealismo, amargura.

**Expressão 11**

Pessoa que se aprofunda, que possui conhecimentos, tem aspirações elevadas, e muita intuição.

Negativo: Complexo de superioridade, fanatismo.

**Expressão 22**

Grande construtor, idealista, grande criador. Visão ampla das coisas e dos acontecimentos. Possibilidade de êxito mundial. Deverá trabalhar para o bem da humanidade.

Negativo: Oportunismo, investigação com tendência negativa.

O desafio da Expressão é igual à soma dos desafios do Impulso Espiritual e do Eu íntimo.

Para Napoléon, o desafio de sua Expressão é igual a $4 + 3 = 7$, o que quer dizer que o Imperador devia mostrar sabedoria e fé e procurar a compreensão.

CAPÍTULO VII

# A grade de inclusão

Prosseguindo em nossa investigação do ser humano, vamos descobrir, através de um novo gráfico, sua personalidade, a bagagem com a qual, pelo que apresenta a sua identidade, ele chegou à Terra para atravessar a vida.

Esse gráfico é muito importante — é, talvez, o mais importante, já que nos permite conhecer o que somos e o que faremos sobre a Terra.

Ele é baseado na soma das letras de mesmo valor, indo de 1 a 9, e que em seguida comparamos com uma grade estabelecida proporcionalmente ao número de letras que compõem a identidade da pessoa, e que representaria um ser perfeitamente estruturado. Dessa forma, é possível distinguir nossas qualidades profundas e disso nos servirmos para melhor agir e realizar, mas também para conhecermos as nossas fraquezas e, até certo ponto, vencê-las ou dominá-las.

Eis o que se descobre, quanto a Napoléon Bonaparte:

| | | | | | | | | | |
|---|---|---|---|---|---|---|---|---|---|
| Valor das letras | 1 | 2 | 3 | 4 | 5 | 6 | 7 | 8 | 9 |
| Número de letras de mesmo valor Total: 17 letras | 3 | 2 | 1 | - | 5 | 3 | 2 | - | 1 |

| | | | | | | | | | |
|---|---|---|---|---|---|---|---|---|---|
| Grade "perfeita" para 17 letras | 1 | 2 | 3 | 4 | 5 | 6 | 7 | 8 | 9 |
| | 3 | 2 | 2 | 2 | 2 | 2 | 1 | 1 | 2 |

Antes de começar a comentar estas duas grades, que me seja permitido lembrar que essa comparação jamais deve ser feita com o fim de "denegrir" ou como crítica negativa. Ela deve, antes de tudo, ter o fim de levar a pessoa a conhecer-se melhor, a lidar com os Números de maneira positiva para ela própria e para os que a rodeiam.

Não se costuma afirmar que temos as qualidades dos nossos defeitos, e vice-versa, e que, apoiando-nos às vezes numa tendência negativa, podemos chegar a produzir uma existência positiva?

Por exemplo, se uma pessoa, possuindo em sua grade um número "5" desproporcionado em relação à grade ideal, ao invés de correr de uma aventura sentimental para outra (pois esse é um dos aspectos negativos do "5"), se torna viajante comercial, repórter, jornalista — desde que dons de expressão apareçam em seu tema — ela satisfará seu desejo ardente de mudança e liberdade. Tornou positivo, assim, seu "defeito", pela expansão pessoal e o bem dos que a rodeiam. Não nos esqueçamos de que a positividade dos pensamentos traz a positividade dos pensamentos dos outros. Se cada dia, em um determinado momento, pensássemos positivamente, e se o mundo inteiro fizesse isso, certos acontecimentos dramáticos não se produziriam, e todos nós ganharíamos em sensatez, em paz e em serenidade: a união dos povos poderia acontecer. Eis por que em um estudo numerológico é preciso ter "bons olhos", destituídos de curiosidade malsã, sendo cada homem uma criatura de Deus, não devemos "julgar" essa criatura, humanos que somos.

Isso estabelecido, é possível examinar as grades precedentes, comparando-as.

Os números "1" e "2" são idênticos nas duas grades.

O número "3" é ligeiramente insuficiente — se voltarmos atrás, iremos lembrar-nos de que o desafio do Eu Íntimo era um "3" e exigia que Napoléon se expressasse mais.

É aí que aparece toda a beleza dos números: tudo se recupera, concorda e nos auxilia.

Para o "4", é exatamente a mesma coisa, o número cármico "13", que apareceu no nome de Napoléon, é confirmado aqui pela ausência do "4".

O "5" é abundante demais e denota um gosto pronunciado por mudanças, viagens e aventuras.

O "6" aparece com ligeiro excesso. Isso significa uma sobrecarga de responsabilidades familiares ou profissionais. Tanto em um como no outro aspecto, penso que isso foi provado pelos fatos. Ser um estadista implica pesadas responsabilidades que às vezes são difíceis e pesadas de assumir. Napoléon, além disso, tinha de cuidar, também, de sua própria família.

O número "7" aparece com ênfase, indicando que Napoléon foi um grande místico; tinha fé e compreendia o sentido da religião e de Deus na vida dos homens.

O número "8" está ausente. Napoléon pouco se preocupava com o valor do dinheiro, mas, tendo sido pobre, desejava possuir riquezas. Os que não têm o "8" obterão, mais cedo ou mais tarde, riquezas, ou uma grande soma de dinheiro, que esbanjarão rapidamente, porque não terão aprendido a conhecer o seu valor e a se servir do seu poder de uma forma positiva, para o bem dos que os rodeiam e o seu próprio bem.

O número "9" é um tanto insuficiente. Significa negligência quanto a preocupar-se com os problemas dos outros e com as infelicidades da humanidade.

*
**

Indico a seguir a significação dos números da grade de inclusão o que ajudará a compreender nosso ilustre modelo.

• **Número 1, ou Número do Ego**

Representa a possibilidade de contar consigo mesmo, com seus próprios recursos para criar e produzir. É, também, confiança em si, em suas qualidades de agressividade, de orgulho, e um certo egoísmo.

Muitos 1 em uma grade dão uma pessoa dominadora, muito ambiciosa, que tenta impor aos que a cercam a sua própria vontade.

A ausência ou insuficiência do 1 indica um ser incapaz de agir só, destituído de confiança e de ambição.

- **Número 2, ou Número da Submissão**

A faculdade de trabalhar facilmente com os seus semelhantes, de se integrar em um grupo, de se associar com os seus ou com outros em domínios que não o do trabalho. Possibilidade de união.

Muitos 2 em uma grade dão uma pessoa muito dependente, dificilmente podendo agir só, contando com os outros para viver e ter sucesso. Isso pode também indicar tendências homossexuais.

A ausência ou insuficiência de 2 indica que a faculdade de cooperar, ou de se associar não existe.

- **Número 3, ou Número da Expressão, da Criatividade e da Sociabilidade**

O potencial de expressão no interior de cada indivíduo — suas faculdades de criação nas artes ou sob qualquer outra forma — leva-o à extroversão, à afabilidade, à sociabilidade.

Muitos 3 dão uma criatura efêmera, mundana, esnobe, gabola, sem objetivo real na vida.

A ausência ou insuficiência do 3 indica uma pessoa muito fechada, taciturna, insuficientemente extrovertida.

- **Número 4, ou Número do Trabalho, ou da Ação**

A capacidade de trabalhar, de aplicar-se aos pormenores, de ser meticuloso e preciso.

Muitos 4 dão uma pessoa trapalhona, atividade desordenada, esgotamento, e uma tendência a se afogar nos pormenores, perdendo o senso da ação principal.

A ausência ou a insuficiência do 4 indica que a pessoa não gosta do trabalho, sobretudo do que é preciso e meticuloso (compreendido nisso o trabalho doméstico).

- **Número 5, ou Número da Modificação, da Liberdade e da Libido**

A faculdade de provocar e aceitar as modificações, as mudanças; a faculdade de utilizar sua liberdade de uma forma positiva para si mesmo e para os que estão ao redor; o desejo de transformação; a libido.

Muitos 5 resultam numa pessoa bastante instável, buscando as mudanças de uma forma sistemática, utilizando mal a liberdade e podendo prejudicar os outros com essa má utilização.

No que tange à libido, muita sexualidade, da qual veremos mais adiante as tendências, em função do Impulso Espiritual.

A ausência ou insuficiência do 5 significa que a pessoa resiste às mudanças e incomodará o próximo por causa de seu ciúme.

- **Número 6, ou Número da Conciliação e da União**

A possibilidade de aceitar as coisas e os seres como eles são, sem buscar a perfeição, que não é deste mundo, a possibilidade de tomar e assumir responsabilidades, de se adaptar às circunstâncias e às situações.

Muitos 6 trazem uma sobrecarga de responsabilidades e um desejo desmesurado de acumular essas responsabilidades. É uma pessoa que quer fazer demais, e, por isso, fica predisposta à depressão, ao enfarto ou à estafa.

A ausência ou insuficiência desse número denota uma pessoa perfeccionista (sobretudo no casamento), que tem dificuldades em aceitar as coisas como elas são e foge das responsabilidades.

- **Número 7, ou Número da Sabedoria**

O potencial é fornecido por uma inteligência brilhante, que se interessa pela análise dos fatos, uma sensibilidade paranormal inata, incitando a pessoa ao conhecimento, ao reconhecimento e à aceitação do Supremo.

Muitos 7 levam a pessoa ao misticismo, ou produzem certo fanatismo que a leva a perder de todo o controle da realidade.

A ausência ou insuficiência desse número em uma grade (que é o caso que encontramos com maior freqüência) denota um ser em busca da fé, ou sem se preocupar com Deus e com a religião.

• **Número 8, ou Número do Dinheiro, das Coisas Materiais e da Justiça**

A apreciação do dinheiro pelo seu justo valor, um interesse são pelos bens materiais, o gosto e o senso da justiça para si próprio e para os outros.

Muitos 8 denotam uma pessoa materialista, inclinada à acumulação de poder e dinheiro: o aproveitador.

A insuficiência ou ausência do 8 denota falta de interesse pelo lado material das coisas, uma apreciação injusta do valor do dinheiro, com uma propensão para acumular bens de consumo e sinais exteriores de riqueza.

• **Número 9, ou Número da Humanidade**

A faculdade de compartilhar das infelicidades de outrem, de se interessar pelos problemas de outrem com finalidade nobre; a preocupação com as desgraças do mundo; o altruísmo.

Muitos 9 indicam uma pessoa desejosa de agir segundo seus próprios desejos, preocupando-se demais com os problemas alheios e os do mundo, em detrimento dos seus próprios.

A ausência (o que, felizmente, é muito raro) ou insuficiência de 9 indica que a pessoa não atingiu o estágio de "altruísta", faltando-lhe totalmente compaixão e compreensão.

O "5", número da libido, expressa, quando é preponderante na grade de inclusão, uma sexualidade forte, gosto imoderado pelos prazeres sexuais e desejo de acumular "experiências" nesse domínio.

Entretanto, antes de examinar as facetas em função do Impulso Espiritual, é preciso considerar as letras de valor 5 = E-N-W.

Se o W é pouco empregado em nossa linguagem corrente, o mesmo não acontece com as letras E e N, amplamente utilizadas em todas as palavras das línguas européias.

A interpretação da libido de uma pessoa deverá, então, ser variada: assim, poderemos aumentar a grade ideal com um ou dois "5", a fim de levar em conta aquela superabundância que se encontra nos temas.

Muitos 5 com o Impulso Espiritual:

1. — Dá uma libido agressiva e dominadora.

2. — Passiva, mas exigente.

3. — Agradável, muitas vezes procurando originalidade.

4. — Limitada aos hábitos tradicionais.

5. — Compulsão muito forte, tudo pode acontecer.

6. — A emotividade, o amor e a amizade devem estar presentes.

7. — A ligação permanente não é a regra.

8. — Libido agressiva, sem delicadeza nem consideração pelo parceiro. Implacável. A pessoa só se interessa pelo seu prazer pessoal.

9. — A pessoa será compreensiva, mas sofrerá em seu foro íntimo.

11. — Como para o 2, com o adendo de tensão.

22. — Reage como o 4, mas em oitava superior.

## CAPÍTULO VIII

# Testes da personalidade

Estudam-se esses testes da personalidade, na maioria dos casos, a partir da identidade da pessoa e da grade de inclusão. Isso nos vai levar a conhecer as reações que a pessoa vai apresentar diante dos acontecimentos de sua vida.

### I — Paixões secretas, ou Número de intensidade

Essas paixões são compulsões muito fortes, que será conveniente vigiar, a fim de evitar sua influência demasiado grande e seus exageros.

Por causa da superabundância do 5 nos gráficos, convirá reduzir dois deles do número total, sobretudo se ele for preponderante na grade.

Para Napoléon, as paixões secretas eram três: 5 — 6 — 7.

Para esse teste, os significados são os seguintes:

1. — Compulsão dirigida a si mesmo. Narcisismo.
2. — Compulsão para a associação.
3. — Compulsão para a criação, a expressão, a originalidade.
4. — Compulsão para o trabalho (é pouco encontrada).
5. — Compulsão para a mudança, para a liberdade, para as aventuras.
6. — Compulsão para a realização, a posição social elevada, o casamento, o amor, o lar.

7. — Compulsão para os estudos, o conhecimento, a sabedoria, a compreensão.
8. — Compulsão para o dinheiro, o poder, o poderio através do dinheiro.
9. — Compulsão para os conhecimentos universais, o amor total. Compulsão a agir segundo seus próprios desejos.

Para o caso que nos interessa, sua paixão secreta vai na direção das mudanças, da liberdade pessoal, da grandeza, mas também para a compreensão e a sabedoria.

**II — O Subconsciente, ou Reação diante das circunstâncias ou acontecimentos imprevistos da vida**

É também a reação diante de uma idéia nova ou de um projeto novo.

Para encontrar o número que corresponde a esse teste, partindo da grade de inclusão, subtrai-se de 9 o número das lições do Carma (ou os grupos não cobertos por um algarismo).

Para Napoléon, as lições do Carma são o 4 e o 8. O subconsciente de Napoléon é 9 − 2 = 7.

Significação do Subconsciente:

1.2.3. — Esses números têm pouca chance de aparecer em um gráfico, porque isso significaria que seis algarismos não são cobertos.

4. — Pessoalmente, aconteceu-me encontrar o caso de uma pessoa que tinha 5 lições de Carma a resgatar. A pessoa é, então, afogada nos pormenores, há reações fracas diante dos fatos, ela é perdida, sem resolução diante dos imprevistos.

5. — Pessoa irresponsável, tensa e nervosa. Muita atividade para poucos resultados.

6. — O primeiro pensamento da pessoa é, antes de tudo, para o seu lar, para a sua família; se esse aspecto for confirmado pelo resto do tema, ela é a própria imagem do *Pater Familias*, todo amor e compreensão.

7. — A pessoa se conservará passiva, indiferente. Contará consigo mesma, com a esperança de que tudo se arranjará. Certas pessoas poderiam chegar à busca de solução ou de consolação no álcool.
8. — Segura, sólida, é possível contar com essa pessoa em quase todas as situações. Ela se preocupa, em primeiro lugar, com as coisas materiais.
9. — Nenhuma lição de Carma, pois todos os grupos estão cobertos. A pessoa é apática, resignada. Mostra pouco interesse pela maior parte dos acontecimentos da vida, que lhe parecem de uma importância mínima: "Ela está acima dessas coisas!!"

**III — Excentricidade, ou Reação diante de um problema desagradável (ou diante de uma situação insuportável, mas que fica no domínio do cotidiano)**

Para encontrar a excentricidade, é preciso juntar a chave ao dia do nascimento reduzido a um algarismo.

A chave é a soma dos algarismos do prenome Napoléon:

$$51763565 = 38 = 11 = 2$$

Ele nasceu no dia 15 de agosto de 1769. Seu dia de nascimento é igual a 6 e sua excentricidade é $6 + 2 = 8$.

Napoléon se ocupará dos aspectos materiais dos problemas cotidianos, mas será inspirado (11) e tomará e assumirá responsabilidades. Ele tinha um gosto pronunciado pelo poder e o domínio.

Significação da Excentricidade:

1. — Chamará tudo para si. Ficará sozinho, tentará conquistar para chegar a um resultado.
2. — Procurará apoiar-se nos outros e esperará muito deles.
3. — Original, procurará soluções novas.
4. — Em todas as circunstâncias, irá apoiar-se no trabalho.

5. — Irá voltar-se para a mudança e a liberdade pessoal.
6. — Estará ligado ao lar, à família, aceitará responsabilidades e obrigações.
7. — Refletirá, pensando em si mesmo.
8. — Irá ligar-se aos aspectos materiais.
9. — Encontrará uma solução para o bem de todos, tendo ampla visão do problema.

**IV — Pedra angular, ou Fundamento da Vida**

É o fundamento sobre o qual a vida de um ser será construída. Essa pedra angular é igual à primeira letra do prenome usual.

Para Napoléon, a primeira letra é N, igual a 5. Portanto, sua vida será baseada na mudança e na liberdade. Aqui, só o valor da letra conta, sendo, portanto, inútil procurar a significação dos outros algarismos.

**V — Primeira Chave, ou Modo como a vida será vivida**

Ela é igual à soma dos valores das letras do prenome, mas será preciso examinar, certamente, os algarismos que a compõem.

A de Napoléon, já vimos, é igual a 11 = 2.

A pessoa viveu casada, teve grandes responsabilidades a assumir, viveu em contínuas mudanças, à procura de si mesma, tentando expressar-se.

**VI — Número de Equilíbrio, ou Qualidade sobre a qual podemos apoiar-nos nas situações imprevistas**

É, de fato, o equilíbrio de que temos necessidade para "enfrentar".

O número de equilíbrio é igual ao valor numérico das iniciais do prenome e dos nomes que compõem o estado civil de um ser.

As iniciais de Napoléon são: N e B = 5 + 2 = 7.

Napoléon contará com a sua reflexão, sua inteligência e a compreensão dos fatos.

**VII — A Segunda Chave representa a coisa exata que a pessoa tentará obter ou vencer na vida**

Para Napoléon, o que ele desejava vencer na vida corresponde à letra B, igual a 2. Ele desejava um casamento bem-sucedido e feliz.

Esse traço é, com freqüência, revelador da personalidade profunda de um ser.

**VIII — A Primeira Vogal**

Ela exprime a sensibilidade, a atividade ou a inteligência. Sua vibração é importante.

Eis a seguir uma definição breve, porque tratamos desse caso no início deste livro.

A = Cerebralidade importante. Inteligência brilhante, com o impulso do 1.

E = Energia e comunicação, com prioridade para a atividade física.

I = Emotividade intensa, difícil de canalizar.

O = Emotividade, mas emotividade controlada, secreta.

U = Intuitivo, tensão moral, sacrifício.

Y = Intuitivo, porém más emoções, tendência à bebida.

**IX — Realização, ou o que deverá ser feito na vida**

A realização é obtida juntando-se o dia ao mês de nascimento e reduzindo o total a um algarismo.

$$15 + 8 = 5$$

Mudanças favoráveis, viagens correspondentes à significação da realização de Napoléon.

**X — A Última Pedra**

Ela corresponde à última letra do prenome. Sendo esse prenome usual a vibração principal do ser na vida, a última pedra representa o cumprimento das coisas projetadas e a reação do ser na vida de todos os dias.

Contudo, a significação intervirá ao nível da letra e não ao nível do valor numérico dessa letra.

Para Napoléon a vibração do N foi a última pedra. Movimento, busca de novidades, mudanças rápidas.

**XI — Número de Vida, ou Forte Motivação da Vida**

O número de vida é obtido juntando-se a Expressão ao Caminho de vida, sendo este igual à soma dos algarismos da data do nascimento.

— A Expressão de Napoléon é 4.

— Seu Caminho de vida é igual a:

$$1 + 5 + 8 + 7 + 6 + 9 = 19 = 10 = 1$$

O Número de Vida é igual a 23, ou 5, isto é, chegamos, nesse caso, ao mesmo significado da realização da sua vida. É possível, contudo, que essa motivação tenha um caráter diferente da realização.

Convém observar que existe um 14 subjacente, que contém nele próprio o número cármico. Se a pessoa não utiliza bem a sua liberdade, se não domina esse "5(14=5)", encontra obstáculos por toda a extensão de sua vida, até que a lição seja aprendida.

**XII — Iniciação Espiritual**

Esse teste corresponde ao que o Eu interior terá de enfrentar na vida, tanto como lição como no que se refere à ação.

Ele se obtém somando a Expressão, o Impulso Espiritual, o dia do nascimento e o Caminho de Vida.

Por exemplo, para Napoléon:

| | |
|---|---|
| Impulso Espiritual | 4 |
| Expressão | 4 |
| Dia do nascimento | 6 |
| Caminho do destino | 1 |
| | 15 = 6 |

Para Napoléon, houve a confrontação com o trabalho, as responsabilidades do poder, as traições, a família, que chegam ao 15, força destruidora que o levou a ser sacrificado e exilado.

Existem outros testes suscetíveis de prever os acontecimentos ou as influências que surgirão na vida da pessoa, mas estes são os mais comuns e mais utilizados para definir uma personalidade e conhecer suas reações diante dos acontecimentos da vida.

É possível, pois, constatar a que ponto um prenome bem escolhido é importante.

## CAPÍTULO IX

# A escolha de um prenome

Quero chamar a atenção dos pais, pedindo-lhes que se informem sobre a significação do prenome que vão dar ao bebê que está para nascer. Por favor, não escolham o prenome de um santo mártir, mesmo que ele tenha sido um antepassado venerado da sua família: podemos bem apostar que a vida do bebê vai ser marcada pelo prenome que usar, e que seu filho pode sê-lo igualmente, mesmo que as suas vibrações possam mostrar-se atenuadas pela positividade dos prenomes ou nomes que se seguirem.

É uma pena que os prenomes bíblicos já não sejam utilizados, porque eles contêm força, nobreza, coragem, inteligência, altivez. O mesmo acontece com os nomes dos profetas e com certos prenomes medievais que contêm muitos "A", letra inteligente e brilhante.

Há uma região da França que eu conheço muito bem e muito admiro; ela é pouco conhecida, e, todavia, merecia sê-lo. É pobre, mas acolhedora, as paisagens são variadas e selvagens, e seus habitantes, os ariegenses, são altivos e corajosos. Durante muito tempo foram obrigados a deixar sua terra natal, porque era pobre demais para alimentar todos eles. Fizeram-se mascates, trabalhadores agrícolas nas diversas estações do ano, emigraram para a Espanha, a Itália e as Américas, onde alguns criaram família e conseguiram situação próspera. Sua particularidade: bom número deles usava nome bíblico. [1]

---

1. Recomendo a leitura do romance *La porte de Kercabanac*, de Loup Durant. O herói da história se chama Elias, cuja numerologia é 22.

O Auvergue, região pobre, deu a seus filhos numerosos prenomes retirados da Bíblia, sem dúvida para fazer deles homens fortes, podendo enfrentar os rigores da vida e das condições atmosféricas.

Recomenda-se, também, que se evite dar prenomes contendo numerosos "I" ou "R", ou letras de valor 5.

Se um deles contém essas letras, convirá compensar isso com um prenome de boas vibrações. Poderão constatar, na segunda parte deste livro, o que pode trazer a passagem dupla de uma letra na existência de uma pessoa.

Além disso, todos os seres são ambivalentes, femininos e masculinos ao mesmo tempo: Yin e Yang.

Para não favorecer ou acentuar tendências femininas em um varão, ou tendências masculinas em uma mulher, aconselha-se, insistentemente, que não dêem:

- o prenome Maria a um homem, suscetível de criar vibrações homossexuais indesejáveis.
- a uma mulher, um prenome atribuído em sua origem a um homem. Assim, serão recusados: Paula, Cláudia etc. Em resumo, tudo quanto possa ser ambíguo e causar embaraços a alguém em seu comportamento de mulher.

Quando são constatadas as más vibrações de um ou de vários prenomes, ou quando a criança ou o adulto não gostam do seu prenome, é possível mudá-lo, de forma que o novo prenome tome o lugar do prenome habitual. Poderão, então, observar uma transformação na pessoa.

**Como proceder para mudar de prenome**

Convém examinar a grade de inclusão e a grade ideal, procurar os valores necessários para reequilibrar a grade e atenuar as distorções, mas também é conveniente estudar os planos da Expressão, que se apresentam da seguinte maneira:

| | Criativo | Vacilante | Terra-a-terra |
|---|---|---|---|
| Cerebral | A | H J N P | G L |
| Físico | E | W | D M |
| Afetivo | I O R Z | B S T X | — — |
| Intuitivo | K | F Q U Y | C V |

Para que uma pessoa chegue a levar adiante seus pensamentos criativos, até a realização, é preciso que as três colunas — criativo, vacilante e terra-a-terra — sejam preenchidas.

A capacidade contida nas letras terra-a-terra permite terminar o que foi iniciado e, além disso, são letras seguras, sólidas e construtivas.

Talvez seja magnífico ter idéias criativas, mas, se tivermos de contar unicamente com os outros para realizar essas idéias, tal coisa poderá, mais cedo ou mais tarde, acarretar sérios problemas.

Quando se examinam os quatro planos — cerebral, físico, afetivo e intuitivo — também é preciso tentar encontrar um equilíbrio, não privilegiando demais o plano afetivo, mas tentando equilibrá-lo com o físico, o intuitivo e o cerebral.

Com efeito, se o plano afetivo dominar todos os outros planos, a pessoa agirá em função de suas reações afetivas, e arrisca-se a sofrer muitíssimo quando tiver de tomar uma decisão.

O plano intuitivo não deverá ser abandonado, porque a intuição permitirá à pessoa filtrar o que é favorável, separando-o do que não é. Esse será um ponto de apoio importante para ela em sua vida.

O plano físico permite colocar as emoções em seu justo lugar e, dessa forma, dominar os períodos de enfraquecimento do psiquismo e restabelecer-se depressa, em caso de doença.

A mudança do prenome é um ato delicado, mas não destituído de interesse. Exige muito tempo e a participação ativa da pessoa diretamente interessada, mas também a das pessoas que a rodeiam, que deverão aceitar o jogo e esquecer o antigo prenome.

Essa mudança também vai acarretar a modificação do Impulso Espiritual, do Eu Íntimo, da Expressão e dos testes da personalidade. Será preciso verificar se isso está de acordo com o caminho da vida e os ciclos da existência, que vamos estudar na segunda parte desta obra. A mudança deve vir a ser positiva para a pessoa, senão será melhor deixar que as coisas fiquem como estão, pois o remédio poderá mostrar-se pior do que a doença.

Esse novo prenome, como os pseudônimos profissionais, deve trazer uma renovação à pessoa, suprimir as angústias, as inibições causadas pelas más vibrações e fazer dela um ser seguro de si, confiante no futuro, capaz de assegurar e assumir seu êxito. Então, a Numerologia terá preenchido o seu papel e Pitágoras poderá, mais uma vez, ser abençoado pelos Deuses.

## SEGUNDA PARTE

# ESTUDO DO DESTINO

*Os elos que unem os mortais são imortais*
*e... a vida é simbólica porque tem um sentido.*
Boris Pasternak

*Quem não dá valor à vida não a merece.*
Leonardo Da Vinci

Vamos, agora, abordar o estudo dos elementos imutáveis do ser, constituídos pela data do nascimento.

Se podemos, muitas vezes, mudar de nome, no curso de uma vida, e, dessa forma, experimentar vibrações diferentes, que modificarão nossa personalidade e nosso comportamento, é-nos impossível modificar nosso destino, não sendo nossa data de nascimento suscetível de mudança.

As informações que vamos tirar dessa data de nascimento são, desse modo, importantes. Poderão ser positivas ou negativas, mas não sofrerão variações.

Contrariamente à Astrologia, na qual a determinação dos aspectos pode variar segundo a interpretação do astrólogo e a hora do nascimento, a Numerologia traz, na minha opinião, elementos mais precisos, sem possibilidade de erro flagrante.

A informação mais importante, fornecida pela data do nascimento, é, sem contestação, o caminho do destino, ou caminho da vida. É o número mais importante, pois irá acompanhar-nos em toda a extensão da nossa existência. Dele recebemos continuamente, portanto, as vibrações positivas ou negativas, e cabe-nos agir de forma que essas vibrações sejam positivas, mesmo que isso exija algum esforço — pelo qual seremos recompensados.

O Caminho da Vida é balizado com outros números importantes: o dos três ciclos da nossa vida — formativo, produtivo e de colheita — o das resoluções, o dos anos pessoais, dos ciclos mensais e dos dias pessoais.

Para que a sua vida transcorra harmoniosamente, os algarismos deverão estar em harmonia, sem dissonância. Nos dias em que essa dissonância acontecer ou que a pessoa se sentir pouco à vontade, sem mesmo saber por que, podemos, sem receio, apostar que existe ali uma desarmonia numérica, seja no seu tema, seja entre você e o Universo.

Proponho que entremos, desde agora, no que é vivo na pessoa, passando a estudar as vibrações do dia do nascimento, seus desafios e suas dádivas.

CAPÍTULO I

# Vibrações do dia do nascimento

Essas vibrações terão forte influência durante toda a vida, e essa vida tem seu apogeu durante o período "ativo" (ou seja, entre os 25 e os 57 anos, mais ou menos). A preponderância das vibrações irá para os números 11 e 22, que se farão sentir durante toda a existência.

Além disso, é fácil compreender que as vibrações serão tanto mais intensas à proporção que os números forem mais elevados na oitava; por exemplo: o 10 é um "1" em oitava superior.

Cada dia de nascimento, segundo o calendário, traz, portanto, vibrações particulares, que vamos estudar.

**Vibrações do algarismo 1** (dia de nascimento: 1-10-19-28 do mês):

Os que nasceram num dia "1" terão fortes vibrações 1. Serão enérgicos, ambiciosos e terão confiança em si próprios. Possuirão trunfos importantes para escalar as ladeiras, se passarem por reveses. Darão prova de que têm lógica e independência.

Note-se que o dia de nascimento 28 traz vibrações do 2 e do 8, da associação e do êxito material.

**Vibrações do algarismo 2** (dia de nascimento: 2-11-20-29):

Os que nasceram em um dia de vibração 2 terão o gosto da amizade, da associação, das alianças, mas também a alternativa da dualidade. Preferirão antes ser empregados a ser patrões. Serão excelentes segundos, agindo com inteligência.

Note-se que o 11 e o 29 terão vibrações particulares de ideal elevado. Essas pessoas serão emotivas e, se houver uma tensão íntima importante, isso poderá levá-las a extremos.

**Vibrações do algarismo 3** (dia de nascimento: 3-12-21-30):

Os que nasceram em um dia de vibração 3 são sorridentes, amáveis, agradáveis, amistosos, mas um pouco tímidos e reservados. Perfeitos para manter uma casa de comércio. Mostram-se imaginosos, são muito inteligentes e criativos. Podem, em compensação, mostrar-se demasiadamente agitados.

**Vibrações do algarismo 4** (dia de nascimento: 4-13-22-31):

As pessoas nascidas em um dia de vibração 4 são esforçadas e podem fundar sua própria empresa. Mostram dinamismo, solidez, produtividade, gozam de fortaleza cerebral, mas podem ser teimosas.

Note-se que as vibrações do 22 lhes darão muita intuição e uma forte espiritualidade — um pouco de irrealismo, às vezes, por causa, mesmo, dessa sua forte espiritualidade.

**Vibrações do algarismo 5** (dia de nascimento: 5-14-23):

Os que nasceram em um dia de vibração 5 apreciam as mudanças em todos os domínios. Mostram espírito vivo, compreensão, possibilidade de evolução e adaptabilidade, ao mesmo tempo em que demonstram sociabilidade. Terão tendência à versatilidade e manifestarão um gosto pronunciado pelas viagens e as aventuras.

**Vibrações do algarismo 6** (dia de nascimento: 6-15-24):

Os que nasceram em um dia de vibração 6 avançam, conduzem os outros e realizam.

Mostram dinamismo, amor, grande capacidade de adaptação, de saber, de atividade e de energia. São, às vezes, um tanto agitados.

**Vibrações do algarismo 7** (dia de nascimento: 7-16-25):

As pessoas nascidas em um dia de vibração 7 gostam da solidão, mostram-se grandes idealistas ou moralistas, com dons artísticos mais ou menos marcados.

Poderão mostrar certo desapego.

**Vibrações do algarismo 8** (dia de nascimento: 8-17-26):

As pessoas nascidas em um dia de vibração 8 são generosas. Sentem-se atraídas pelo êxito material, o acúmulo, a expansão, e são capazes de dirigir grandes empresas.

Note-se que as vibrações do 17 comportam, para as pessoas nascidas nesse dia, um certo conservadorismo e inclinação para a previdência.

**Vibrações do algarismo 9** (dia de nascimento: 9-18-27):

As pessoas nascidas em um dia de vibração 9 são grandes filósofos, cheios de sabedoria, de uma grande intelectualidade, que lhes permitirá operar a nível internacional.

**Desafios do dia de nascimento**

Como para os gráficos da personalidade, existe, segundo o dia de nascimento, a possibilidade de um determinado desafio.

Esse desafio, se existir, vai fazer-se sentir ao longo da vida da pessoa e deverá ser levado em conta, sobretudo durante o ciclo produtivo.

Ele só existe, na verdade, para os dias de nascimento compostos de dois algarismos. É obtido subtraindo-se um algarismo do outro.

Os dias de nascimento de 1 a 9, 11 ($1 - 1 = 0$) e 22 ($2 - 2 = 0$) não têm desafios particulares.

Por outro lado, o desafio de um dia de nascimento em oitava mais baixa terá vibração mais forte; por exemplo, o desafio 2 será de vibração mais poderosa para o 13 do que para o 20.

O "0" representa, por si só, todos os desafios, e os detentores dos algarismos 11 e 22 serão, portanto, confrontados por todos os desafios, em troca dos dons que receberam.

Para os algarismos de 1 a 9, sem desafio particular, não haverá problemas.

Para reencontrar a significação dos desafios, podemos voltar às lições do início deste livro, no algarismo correspondente.

Se voltarmos à personalidade de Napoléon Bonaparte, que nos serviu de exemplo até aqui, nascido a 15 do 8 de 1769, as vibrações do seu dia de nascimento nos confirmam bem o poder de atração daquele homem com enorme capacidade de energia, de atividade, de dinamismo. Sua agitação foi lendária e ele muito realizou pela humanidade. Seu saber não causava nenhuma dúvida.

O desafio do seu dia de nascimento, 5 − 1 = 4, pedia-lhe que trabalhasse cuidando dos detalhes do seu trabalho, mas sem se estafar.

Para um desafio 4, a dádiva é 5. O imperador conheceu bem o crescimento em relação à sua situação primitiva.

**A dádiva do dia de aniversário, ou dádiva do dia de nascimento**

Se para 20 dos 31 dias de nascimento ficou claro que um desafio devia ser vencido, também parece que um auxílio, uma dádiva qualquer era dada em compensação do esforço a ser feito. Para certos autores, essa dádiva é chamada "desafio complementar", mas, como se trata, seja de uma qualidade, seja de uma recompensa dada à pessoa, a expressão dádiva parece mais apropriada. Seria como que a imagem da fada boa debruçando-se sobre o berço, opondo-se à maldosa fada Carabosse.

Para saber qual o valor dessa dádiva, subtrai-se o algarismo do desafio do algarismo 9. Para os dias de nascimento 10 — 12 — 21 — 23, cujo desafio é 1, a dádiva será 9 − 1 = 8: sucesso material.

Significação das dádivas do dia de nascimento:

1. — Realização
2. — Inteligência
3. — Criatividade
4. — Estabilidade
5. — Crescimento
6. — Sucesso, fama
7. — Conhecimento
8. — Sucesso material

CAPÍTULO II

# Os desafios da vida

A data do nascimento comporta, em si própria, lições importantes às quais precisamos prestar atenção, para uma vida mais rica e mais positiva.

Ela determina as qualidades que faltam à pessoa e que lhe são necessárias, pois a aquisição das mesmas pode evitar conseqüências desagradáveis no curso de sua existência.

Os desafios são 3. Dois são menores e o terceiro é um desafio maior, cujos efeitos se exercerão durante toda a duração da vida.

O primeiro desafio menor se fará sentir, sobretudo, na primeira parte da vida, mas conservará sua influência por todo o resto da existência.

O segundo desafio menor irá mostrar-se em toda a sua amplitude durante a segunda metade da vida, mas seu efeito se fará sentir desde o início dela.

Para calcular os desafios da vida, toma-se a data do nascimento — dia, mês e ano — depois de ter reduzido seus elementos a um algarismo.

Subtrai-se o algarismo do mês do algarismo do dia do nascimento, ou vice-versa, para encontrar o primeiro desafio menor.

Para encontrar o segundo desafio menor, subtrai-se o algarismo do ano do nascimento ao algarismo do mês, ou vice-versa.

O desafio maior obtém-se deduzindo o 1.º desafio do segundo, ou vice-versa.

O gráfico de uma pirâmide invertida representa os três desafios da vida.

Os desafios da vida de Napoléon foram os seguintes:

Data de nascimento: 15 de 8 de 1769

6 — 8 — 5

2 3

1

Primeiro desafio menor: 2. — Aprender a cooperar e a se associar aos outros, sem se apoiar demais neles.

Segundo desafio menor: 3. — Aprender a expressar-se. Não se manter isolado.

Desafio maior: 1. — O desejo de impor sua própria vontade devia ser restrito, ele não deveria mostrar-se egoísta.

Os outros desafios, ou lições, foram dados quando demos a significação geral de cada algarismo no início desta obra.

Um desafio "0" engloba todos os outros, mas sem importância particular para qualquer deles.

CAPÍTULO III

# O caminho da vida ou caminho do destino

É o gráfico mais importante da existência de uma pessoa, pois influenciará toda a sua vida, do nascimento à morte.

O caminho do destino jamais varia, e comporta, para a pessoa, efeitos positivos e negativos.

Ele dá informações sobre as qualidades e as fraquezas da personalidade, sobre nosso comportamento em relação aos nossos semelhantes, nossas reações diante dos acontecimentos da vida, sobre os campos de trabalho onde nos expandiríamos com sucesso, sendo a finalidade conseguir uma vida plena e feliz.

Os aspectos negativos desse caminho de vida opõem barreiras ao desenvolvimento do potencial da personalidade, porque o pagamento das dívidas cármicas deve ser feito.

Para conhecer as dívidas cármicas, é preciso levar em conta os diferentes gráficos da personalidade e, se for possível ultrapassar os desafios e pagar as dívidas cármicas, o caminho ficará então livre para permitir a plena expansão da pessoa.

Para explorar melhor as particularidades do caminho do destino, vamos voltar à nossa ilustre personagem e estudar o gráfico de seu caminho do destino. Para colocar corretamente o problema, convém apresentar a data do nascimento da maneira seguinte:

| | |
|---|---|
| 15 | 15 |
| Agosto | 8 |
| 1769 | 1769 |
| | 1792 = 19 = 10/1 |

Portanto, aparece no Caminho da Vida de Napoléon Bonaparte uma outra dívida cármica, o 19.

É verdade que o 19 se reduz a um 10 e, portanto, a uma vida de grande fama, uma personalidade cheia de ambição, com um destino fora do comum, apto a comandar, com idéias geniais, um certo ideal, táticas ousadas, procurando sempre estar em primeiro plano, tendo habilidade, pronto a dar seus conselhos, mas egoísta, impondo sua autoridade e sua vontade sem se preocupar muito com a existência dos outros, família ou colaboradores, e com as repercussões que essa autoridade poderia ter sobre eles.

Em uma vida anterior, Napoléon Bonaparte tinha tido contas a ajustar com esse problema, que reencontrou em seu destino.

Ele usou sua energia e sua vida em conquistas vãs, pois que, em última análise, elas foram perdidas. Isso parece confirmar bem a significação do 19, mas Napoléon possuía, como todos, o seu livre-arbítrio, e foi o único capaz de solucionar seu problema. Não podemos, *a posteriori*, senão constatar os fatos relatados pela História, sem dar a eles nenhum julgamento que valha a pena.

Como nos outros gráficos, vamos retomar, em detalhes, o estudo dos diferentes caminhos de vida, de 1 a 9, assim como os de números 11 e 22.

Recomenda-se, entretanto, para os números que ficam para além de 22, que se atenham às significações dadas no início desta obra.

**Caminho do Destino 1. — Palavra-chave: Realização**

Personalidade poderosa, entusiasta, enérgica, capaz de vencer facilmente os reveses.

O que traz de construtivo levará essa pessoa para o êxito e a felicidade. Contudo, de natureza altiva e orgulhosa, ela não admite facilmente que se enganou nas decisões tomadas. Se isso acontecer, torna-se pessimista e deprimida. Os problemas, então, acumulam-se, se a força moral que ela provou ter não volta a se fazer sentir.

O 1, influenciando positivamente a pessoa, dá-lhe confiança em si mesma. Dela emana uma irradiação capaz de influenciar favoravelmente os que a rodeiam. Trata-se, assim, de pessoa predisposta a dirigir um grupo de homens, uma empresa. Pessoa capaz de levar sua equipe a um sucesso material e espiritual.

Entretanto, sua obstinação, seu autoritarismo não deverão ser poderosos demais, para não descambarem para o despotismo, tornando tal pessoa insuportável e antipática.

Ela é pouco influenciável, pois não ouve os outros, e somente as experiências infelizes a levarão a refletir e a ajudarão a modificar o seu modo de pensar e o seu comportamento.

A espiritualidade, suscetível de dominá-la, transformará seu orgulho em nobreza de alma, e ela será, então, capaz de considerar seu próximo com um olhar benevolente e protetor.

Os que a rodeiam devem ser muito receptivos para com ela, ouvindo seus discursos e a exposição de seus projetos. Por esse caminho, se os que a rodeiam forem dominados por algarismos pares (algarismos favoráveis: 2 — 4 — 6), a autoridade transbordante será freada.

Com o 8, entendimento impossível, só rivalidade.

Se a pessoa não for dirigente de uma empresa, poderá fornecer, apesar disso, excelente trabalho, e a satisfação com que o executa lhe trará sucesso material. Se ela se conhece física e moralmente, se sabe como não ultrapassar seus limites, poderá movimentar-se harmoniosamente no meio social e no lar.

Personalidades do Caminho da Vida 1:

Lourenço de Médicis — Richelieu — Napoleão I — Vauban — Luís XII — Luís XVIII — Delacroix — Corot — Hemingway — Émile Zola — Tolstoi — Claudel — Emily Brontë — Tristan Bernard — Walt Disney — Mac Mahon — Marcel Cerdan — Toni Sailer — R. Kopa.

**Caminho do Destino 2 — Palavra-chave: Associação — Paz**

Conciliadora nata, com aptidão para ser submissa, mas sabendo-se livrar dos apuros da vida, essa pessoa saberá enfrentar suas dificuldades, sem problemas para os que a rodeiam.

Será levada à colaboração ou à associação. Embora não goste de ser comandada, aceita isso pelo fato de ter tendência a ser dependente, o que a fará mais introvertida e negativa.

Seu objetivo primordial leva-a a procurar a paz, a ternura e a dar a afeição e a amizade que nela são transbordantes. Não gosta da solidão e essa característica suplementar a levará naturalmente ao casamento, onde irá revelar-se muito boa companheira, criando felicidade e harmonia em seu lar.

Associar-se a uma pessoa dominada pelo 2 é, portanto, garantia de paz, de serenidade, de harmonia. É, também, no domínio profissional, uma garantia de sorte, pois, sendo muito cooperativa, paciente, conciliadora, será designada para realizar as tarefas difíceis ou delicadas (sua sensibilidade lhe será de considerável auxílio).

Se ela desenvolver convenientemente sua inteligência, sua agudeza, sua energia física e mental, terá sucesso. Se, por acaso, fracassar, tornar-se-á deprimida, e os que a rodeiam devem então socorrê-la e ajudá-la. Ela depressa se restabelecerá e sua generosidade devolverá, centuplicado, o serviço que tiver recebido.

O 2 também significa dualidade, instabilidade e movimento. Dá uma grande imaginação, que será interessante a pessoa canalizar para o lado espiritual, onde poderá estancar sua sede de conhecimento e adquirir ou reforçar sua riqueza interior.

Se ela encontrar nesse domínio uma pessoa do 7, evoluirá para a positividade e a Sabedoria, e sua lunar instabilidade se esfumará.

Personalidades do Caminho da Vida 2:

Rouget de Lisle — Júlio Verne — Manet — Schubert — Giono — Debussy — Lola Montes — A. Samain — Alain Decaux — Jules Ladoumègue — Jean Borotra.

**Caminho do Destino 3 — Palavra-chave: Concordância — Alegria — Resultado**

De natureza reservada, doce, o Homem do 3 é de relacionamento agradável e fácil de se compreender. Não é complicado e foge das brigas e das armadilhas.

Criador nato, está à procura de idéias novas. O 3 forja os inventores e os idealistas inovadores.

Sociável, extrovertido, generoso, gosta das atividades tranqüilas, mas ligadas à beleza, à harmonia, à cor. Tem fortes disposições para os ofícios criativos ou artísticos, onde se realizará bem. O quadro de sua vida e o seu lar serão aquecidos e harmoniosos.

Embora ele seja reservado e não goste de se impor, chegará, pela sua paciência e tenacidade, a estabilizar sua posição.

Deverá, então, para vencer, dominar sua apreensão e sua timidez diante de uma escolha difícil, e não retardar o lançamento de seus projetos.

Possuidor de inteligência e determinação, poderá obter êxito brilhante de ambas essas qualidades.

Seu senso do dever e das responsabilidades, sua vivacidade, seu otimismo ajudam-no a vencer seu orgulho, que o leva a se considerar acima dos outros e a fugir de sua companhia.

Seu maior defeito é o ciúme. O que segue um caminho "3" deve aprender a expressar-se e a dar-se.

Sua maior qualidade é o otimismo, que ele transmite aos outros e que o faz brilhar. Está sempre em renovação, livre de constrangimentos, e isso porque as dificuldades, se as encontra no curso de sua vida, têm pouco domínio sobre ele.

O algarismo 3, simbolizado pelo triângulo, passa por feliz ou infeliz, segundo seu possuidor tenha escolhido o amor do próximo, uma finalidade elevada, e reprimido seu orgulho para afastar-se da perversão.

Personalidades do Caminho de Vida 3:

Carlos V — Carlos VI — Carlos X — Francisco I — Inácio de Loyola — Luís XVI — Mazzarino — Casanova — Victor Hugo — Lamartine — Aristides Briand — Paul Valery — Watteau — Edgar Poe — Raymond Abbelio — Paul Doumer — Jules Grévy — Casimir Perier — Charles Pélissier — Louis Armstrong.

**Caminho do Destino 4 — Palavra-chave: Ação e Limitação**

Força de caráter, temperamento determinado, às vezes inabalável, necessidade de atividade, domínio de si, essas são as características da pessoa do Caminho da Vida 4.

Simbolizado pelo quadrado, esse caminho será, antes de tudo, uma vida de trabalho e esforços obstinados, porém, graças às grandes qualidades que animam o portador do 4, ele chegará a assumir importantes responsabilidades e muita gente confiará nele, pois é bastante estável.

Possui grande senso de organização, é lógico, metódico, preciso. Leal, poderá ocupar um posto de comando ou de trabalho que reclame precisão.

Sua vida, entretanto, poderá ser limitada, seja fisicamente, seja por responsabilidades de família não desejadas, pois ele sabe devotar-se à sua família.

Ao contrário do 3, que tem dificuldades em realizar pensamentos criativos, o 4 está sempre pronto a movimentar-se para realizar e transformar suas idéias em ações concretas.

Para ele, o trabalho não é duro nem penoso. É uma forma de enriquecimento interior. No trabalho ele se expande. Constrói pedra por pedra o seu edifício, observando os mínimos detalhes e seguindo aquilo a que se propôs, valha o que valer; infeliz de quem tentar desviá-lo de sua tarefa, pois será afastado sem piedade.

O homem do "4" pode realizar-se em uma atividade intelectual, já que a intelectualidade é um dom reprodutivo.

Mas ele fica, com freqüência, inquieto, tenso; a ação o libertará, mas não completamente. A razão, o domínio de si mesmo e uma compreensão exterior poderão expandi-lo completamente, liberando sua inquietude.

Muito receptivo, procura o êxito na utilização de sua força inspiradora, que poderá conduzi-lo a uma ação de grande envergadura.

Comportando os 4 elementos — a água, o fogo, a terra e o ar — o algarismo 4 é considerado benéfico.

Personalidades do Caminho da Vida 4:

Leonardo Da Vinci — Madame de Sévigné — Glück — Cardeal de Retz — Maria Stuart — Wagner — Modigliani — Barnum — Stalin — Maurice Genevoix.

**Caminho do Destino 5 — Palavra-chave: Evolução — Compulsão para o Sobrenatural**

Personalidade difícil de se apreender, muitas vibrações levando em si próprias elementos de incerteza.

A inconstância, o desejo de mudança, a necessidade de liberdade e de êxito condicionam o comportamento do homem cujo Caminho do Destino é 5.

Se o 5 não marca demais o tema de um homem, sua personalidade não será marcada demais por esse número. Outros números, como o 4, irão dar-lhe uma estabilidade que lhe falta, e as vibrações se transformarão, então, em energia criativa, portadora de êxito.

A vida do 5 será uma vida de transformações freqüentes, em todos os aspectos. Cheia de viagens, de mudanças de residência, de aventuras. Vida na qual a liberdade e o progresso caminharão lado a lado.

Muito impulsivas, as pessoas do 5 poderão abandonar o assunto que as apaixonava na véspera, tendo outros interesses desviado sua atenção da primeira paixão.

Essa incerteza e essa impulsividade levam a pessoa do 5 a desejar sempre mais do que possui e, se não controlar seus apetites, será uma eterna insatisfeita.

É pessoa espirituosa, saberá contar histórias, seu humor transformará uma situação dramática em aventura saborosa. Se modifica um pouco a verdade, não pode, apesar disso, ser considerada mentirosa.

Vive intensamente e por todos os poros o que lhe acontece, possui muito charme, seduzirá os que a rodeiam e, se chegar a casar-se, dará provas de ser fiel, mas antes terá tido numerosas aventuras sexuais. Seus excessos sexuais poderão fazê-la sofrer.

O conhecimento de si própria não a preocupa muito, o que é mau. O trabalho monótono a esclerosa, e ela sofre, muitas vezes, de doenças psicossomáticas ou nervosas.

Do ponto de vista esotérico, o 5 é um algarismo benéfico, já que permite ao ser material voltar-se para a espiritualidade, que o ajudará a expandir-se interiormente e a contornar os maus aspectos do 5.

Ele se tornará, então, o nobre do 5, pronto a se devotar aos outros e a transmitir a sua mensagem.

Personalidades do Caminho da Vida 5:

Carlos VII — Henrique II — Felipe II da Espanha — Ronsard — Luís XIV — Latude — Robespierre — Napoleão III — Louis Braille — Cézanne — Renoir — Van Gogh — Raimu — Hitler — Roosevelt — Mermoz — Camus — Jean René Lacoste — Louison Bobet — Jean Boiteux.

**Caminho do Destino 6 — Palavra-chave: Conciliação — Responsabilidade**

Benevolência, bonomia, amabilidade, conciliação, tais são as qualidades que inicialmente nos vêm ao espírito, quando encontramos em nosso caminho uma pessoa cujo Caminho do Destino é 6.

Essa criatura agradável bem depressa se faz simpática aos que a rodeiam, afeiçoando-se ela própria facilmente às pessoas, nas quais confia.

É pessoa que adora a vida de família e tudo quanto se refere ao lar, devotando-se a este de corpo e alma. É complacente, ordenada, sociável, de conduta reta. Por isso recorrem com freqüência a essa pessoa para resolver situações confusas ou contendas. Seu papel de conciliador é importante e lhe cabe muito bem.

Sendo o "6" o algarismo da ternura e do amor, a pessoa se sente atraída por todas as formas de amor — o familiar, evidentemente, mas também o humanitário, o religioso etc.

Como possui as qualidades de chefe e gosta de assumir responsabilidades, será reconhecida pela força moral, pela retidão, de que dá prova, pelos postos de comando militar, nas finanças, ou na política.

Sua vida, em conseqüência, será uma vida de responsabilidades e de serviço, que podem levá-la ao poder e — por que não? — à glória.

Se o lado positivo do "6" leva a um destino brilhante, a poderes extensos, os aspectos negativos podem ser, infelizmente, numerosos, e produzirão inadaptados, incapazes de aceitar responsabilidades, que estão à procura de uma perfeição que jamais irão encontrar, recusando-se a receber as coisas como elas são, ou, ainda, criaturas indolentes, ou estróinas, ou hipócritas.

Ao lado desse quadro demasiado negativo, há aspectos felizmente menos carregados. Por exemplo, se uma duplicidade ou uma mentira vierem obscurecer o céu de sua existência, ela poderá perdoar, mas irá lembrar-se da injustiça de que foi vítima. O sofrimento moral dificilmente é suportável para uma criatura assim emotiva e sensível, e arrisca-se a levá-la à depressão ou a arrastá-la para um pessimismo negativo.

A fim de evitar seu rancor, é preferível encorajar sua positividade, reconhecendo suas qualidades, sua delicadeza, sua grande psicologia, suas qualidades de chefe, que são seus maiores dons de êxito para si mesma e fatores de sorte para os outros.

Enfim, é preciso reconhecer seu espírito de sacrifício e de abnegação, de que sabe dar prova quando cumpre a tarefa ou o dever que tomou para si.

Personalidades do Caminho da Vida 6:

Catarina de Médicis — Francisco II — Montaigne — Morin de Villefranche — Voiture — Voltaire — Surcouf — Goya — Brillat Savarin — Balzac — Dumas Pai — R. Schumann — Musset — Churchill — Lenine — Einstein — A. Honegger — R. Coty — C. de Gaulle — Bourguiba — Sartre — João Manuel Fangio — G. Pompidou — Emile Allais — Zatopec — Jean Prat — Christian d'Oriola.

**Caminho do Destino 7 — Palavra-chave: Superação — Perfeição**

Reservado, de aparência um pouco fria, às vezes humilde, reflexivo ou sonhador, tal será a descrição daquele que está no Caminho de Vida 7.

É o Caminho da Vida do filósofo, do pensador, do pesquisador, do padre ou do rabino.

O desenvolvimento interior é sua aspiração principal, a cerebralidade, seu apanágio.

O "7" é uma criatura independente, meticulosa, que analisa seus pensamentos, suas ações nos menores detalhes; se avançássemos nessa análise, poderia passar por um ser minucioso, calculista e egoísta. Na realidade, tal coisa não se dá, porque, enquanto pensa em suas ações, ela se interessa igualmente pelos outros, desejando garantir-lhes a felicidade.

Aquele que segue um tal caminho tentará, por todos os meios, chegar ao fim que fixou para si próprio, embora ao preço de transações, porque é astuto e infiel. Deverá, portanto, aprender a servir com bom-humor e assumir as aflições ou os problemas que possa ter causado aos outros.

Muito receptivo no plano oculto, procurará chegar ao plano espiritual e ali superar a si próprio. Essa necessidade de superação irá exaltar-se particularmente em um trabalho de pesquisas, na realização de tarefas difíceis. Poderá vencer, igualmente, na organização de uma empresa ou de uma sociedade, em um trabalho que se volte para a educação, porque o "7" gosta de transmitir os conhecimentos que acumulou com uma espécie de voracidade, vizinha do fanatismo.

Ele considera que, dando-se inteiramente a uma tarefa definida, é possível tudo realizar. Seu poder reside na confiança que tem em sua capacidade.

Desenvolvendo suas aptidões para captar o que não é captável, para vencer o invencível, chega a dominar seu ambiente, espiritual e materialmente.

Muito místico, é muito sério no que se refere às suas exigências espirituais, quando ocupado em corrigir suas imperfeições. Gostará de encontrar outros discípulos que o ajudarão a caminhar para a sua meta. Não é muito emotivo e se mostra com freqüência doce e agradável, a não ser que seu êxito seja posto em dúvida, quando, então, se enfurece, com o ímpeto de um furacão.

Não viverá sempre solitário, podendo casar-se, mas, para isso, deverá escolher bem o seu par, se deseja uma união feliz e estável.

Por seu caráter forte, está seguro de que pode esperar o êxito e de que será mais favorecido pela sorte do que os seus semelhantes. Para ter pleno sucesso, porém, deverá conservar-se positivo, aprender a amar os outros, a fim de ser ele mesmo, e conseguir exteriorizar a sua sensibilidade.

Personalidades do Caminho da Vida 7:

La Fontaine — Parmentier — Beethoven — Louis-Philippe — George Sand — Liszt — Baudelaire — Pasteur — Vincent Auriol — Krutchev — Golda Meir — Prévert — Malraux — Kennedy.

**Caminho do Destino 8 — Palavra-chave: Justiça — Materialidade**

Aquele que segue um Caminho de Vida "8" é um lutador, presa de um combate interior, mas também de um combate pela existência. O fato é que busca a verdade.

Tem sede de justiça e de retidão. Não se deixa seduzir pelas adulações, pelos subterfúgios, pela pompa exterior, pelos títulos. Detesta as injustiças, tanto para os outros como para si próprio, e é capaz de tornar-se injusto por causa de maus tratamentos que lhe tenham dado.

O planeta Saturno dá-lhe uma resistência que lhe permitirá vencer os obstáculos que encontrar em seu caminho. Terá uma vida dura, difícil, desde o seu nascimento. Deverá lutar, constantemente.

Irá conservar-se incógnito para os seus semelhantes e, por isso, dará a impressão de ser superficial, inferior, incapaz, pois seu próximo não procurará abrir caminho para aquilo que lhe dá todo o seu valor.

Por sua coragem, sua retidão, e também pela sua generosidade, é capaz de conquistar a confiança dos outros. Estará, então, pronto para ocupar postos de comando, para se tornar um notável homem de negócios, com sucesso brilhante.

Entretanto, deverá evitar mostrar-se intolerante, abusivo ou vingantivo, e deverá acalmar, de vez em quando, sua sede de poder. Para vencer, deverá conservar-se metódico em negócios, compreender e aceitar os que não têm as suas qualidades dinâmicas. Numa palavra: não se tornar um materialista duro.

A sorte reside, então, em sua estabilidade, no esforço contínuo para a realização dos seus projetos, em sua força moral, que o ajuda a suplantar os obstáculos e as provações. Se mantiver sua alegria de viver e seu otimismo, com certeza chegará a bons resultados materiais e, desses resultados, fará participar amplamente aqueles que ama.

Personalidades do Caminho da Vida 8:

Michelangelo — Nostradamus — Carlos IX — Luís XIII — Rembrandt — Racine — Luís XV — Chateaubriand — Ingres — Adolphe Thiers — Courbet — Alan Kardec — Gérard de Nerval — Picasso — Georges Carpentier — Fausto Coppi.

**Caminho do Destino 9 — Palavra-chave: Sabedoria — Alcance**

Personalidade integral, independente, intrépida e combativa, tendo uma certa forma de sabedoria, com inteligência brilhante, eis como aparece a pessoa do Caminho da Vida "9".

O Caminho da Vida "9" é de grande alcance intelectual. É um caminho de aquisições, de realizações e de sucesso. As pessoas do "9" são intuitivas, possuem grande habilidade, muita sensatez, sabem aconselhar, são guias capazes. Poderão ter o papel de precursores ou de pioneiros, assumindo importantes responsabilidades. Mostram-se capazes de desempenhar um papel no plano mundial.

Sua sensatez é a sua maior riqueza, sendo o resultado de uma longa experiência, de sua intuição e da serenidade que manifestam.

São bastante distantes, reservadas, parecendo, à primeira vista, condescendentes. Se estiverem em um ambiente onde seu valor seja reconhecido e procurado, mostrar-se-ão capazes de eloqüência e revelar-se-ão verdadeiros mestres.

Sua sensatez ou sua razão torna-as combativas, perseverantes; sua resolução cria-lhes inimigos que as colocam em situações difíceis, das quais só se livram batendo-se duramente, reforçando, exatamente por causa disso, sua experiência e sua sensatez.

Orientadas, muitas vezes, para a espiritualidade, evoluem para uma sabedoria universal. Sua atitude é sempre positiva. Jamais sofrerão depressão: não têm tempo para isso. Contudo, devem desconfiar da sua impulsividade, de seus devaneios, que as fazem evoluir para um mundo de ilusões, afastando a sorte de suas vidas, engendrando sofrimento e, às vezes, imortalidade. Devem manter-se positivas e utilizar o excesso de energia que possuem para ajudar os outros.

Sua força moral psicológica poderosa, mas às vezes delicada, entretanto, é um recurso importante que as levará a uma vida de felicidade e êxito.

Personalidades do Caminho da Vida 9:

Gilles de Rais — Copérnico — Rubens — Colbert — J.-J. Rousseau — Diderot — Haydn — Laennec — A. de Vigny — Garibaldi — Offenbach — Brahms — Emile Loubet — Félix Faure — Mallarmé — Georges Meliès — Toulouse-Lautrec — Gandhi — Sacha Guitry — Rodin — Céline — Saint-Exupéry — C. Rigoulot — Joe Louis — M. Herzog.

**Caminho do Destino 11 — Palavra-chave: Inspiração**

Inteligência superior, claramente acima da média, idealismo, intuição, eis as principais qualidades daqueles que seguem o Caminho do Destino "11".

Sua inteligência parece sobrenatural. Seu encaminhamento os aproxima sem cessar de Deus, do qual eles aspiram ser os servidores.

Suas responsabilidades são grandes, pois têm deveres para com a humanidade. Se seu destino for vivido positivamente, será marcado pelo sucesso, pela fortuna e pela glória. Se recusam assumir as altas responsabilidades que lhes cabem, sofrerão ruína e desastre e serão, apesar de tudo, obrigados a se submeter ao seu destino.

Seu complexo de superioridade, a vontade de impor seus próprios desejos, a falta de probidade, o risco de utilizar sua inteligência para fins pessoais e materiais podem ser o lado negativo desses seres inspirados.

Os que seguem o Caminho da Vida 11 possuem, não obstante, uma grande força interior que os ajuda a dominar a si mesmos e a ultrapassar os acontecimentos exteriores. Eles se interessam por todo tipo de lutas e por aquilo que seja difícil de obter.

Não gostam da desordem, possuem grande espírito de síntese, uma grande independência e têm necessidade de horizontes amplos.

Sua sabedoria não é inata, eles devem adquiri-la.

Se dominarem as paixões humanas com a força do amor e da vida que corre neles, poderão ter a certeza de que seu triunfo é merecido. Terão adquirido poder sobre si mesmos.

Personalidades do Caminho da Vida 11:

Luís XI — Turenne — La Rochefoucauld — Marguerite Gautier — Lord Byron — Henri Monnier — Cocteau — Guynemer.

**Caminho do Destino 22 — Palavra-chave: Construção**

Os que seguem esse caminho fora do comum são de uma inteligência superior, que iguala a das pessoas do Caminho da Vida "11", mas nela se encontra, além disso, uma finalidade universal, com projetos de grande envergadura para o bem da humanidade inteira.

Sua vida é, portanto, uma porta aberta para os altos destinos, cheios de glória, mas será uma existência difícil, pois nela não haverá lugar para uma vida pessoal. Muitas vezes, essas pessoas se mostram tensas, preocupadas em levar ao sucesso seus grandes projetos e em superar-se sempre.

São pessoas de grande honestidade, sinceras, de fé absoluta, um pouco sonhadoras, mas que mantêm seus pés sobre a terra.

Seu destino os levará a serem grandes inventores, construtores de grandes edifícios, igrejas, obras de arte de grande porte, grandes médicos, grandes sábios etc.

Por estarem, às vezes, muito adiante de sua época, serão mal compreendidos.

Podem ser, ao mesmo tempo, os que sacodem o conformismo e os que pregam, mas também encontraremos entre eles alguns falsos profetas.

Os aspectos negativos de um Caminho da Vida 22 podem levar os que o percorrem a perder seus ideais e a mesclar-se com a magia negra, bem como a adiantarem-se para seu próprio proveito, apenas, sem consideração pelos outros.

Sua adaptação ao mundo que os cerca representa para eles uma grande provação, porque a sociedade teme os que são diferentes, e foge deles.

Personalidades do Caminho da Vida 22:

Henrique III — Henrique IV — Lavoisier — Maria Antonieta — Murat — Armand Fallières — S. Freud — Lucien Guitry — Landru — Ravel.

*
**

Como observaram, o Caminho da Vida comporta indicações interessantes, que devem ser levadas em consideração. Não se deve tratar levianamente esses elementos.

Entretanto, para apreender direito a existência de alguém, conhecer os momentos difíceis, como enfrentá-los, um estudo do tema inteiro será necessário. Para obter as informações precisas, a intervenção de um numerólogo se justificaria.

Todavia, se ele pode trazer a definição dos problemas e precisões sobre o futuro da pessoa, jamais poderá modificar seu destino, nem o das pessoas que com ela vivam.

Só os interessados têm o poder para tanto, se viverem positivamente o seu destino, vencendo o seu Carma, o que nem sempre é fácil (não se chamaria assim, se fosse diferente). As dificuldades ali estão para serem ultrapassadas. O conhecimento do nosso destino é importante: ele pode nos fazer melhores do que somos.

## CAPÍTULO IV

# Os ciclos da vida ou subcaminhos do destino

A vida é composta de três ciclos ou subcaminhos do destino, que estão em relação direta com o caminho do destino.

Cada ciclo oferece à pessoa possibilidades de se aperfeiçoar ou de adquirir certos conhecimentos.

Cada ciclo pode apresentar vibrações negativas, que é preciso levar em conta, seja superando esses momentos negativos para enaltecê-los, seja aceitando com boa-vontade os constrangimentos que eles nos trazem.

Todavia, convém lembrar que a vibração principal é dada pelo Caminho do Destino.

A vida se compõe, então, desta maneira:

**O primeiro ciclo, ou ciclo formativo**

Durante o qual a pessoa se forma e se desenvolve fisicamente, intelectualmente e psicologicamente.

Esse ciclo começa no dia do nascimento e termina quando da maturidade, ou seja, por volta dos 28 anos.

Veremos, mais tarde, como determinar o ponto de partida e de término de cada ciclo.

O ciclo formativo se inicia na data do nascimento da pessoa. Sua vibração será a do mês desse nascimento.

Para Napoléon, por exemplo, seu primeiro ciclo é "8".

**O segundo ciclo é o ciclo produtivo**

Durante o qual a pessoa será levada a trabalhar, e se seguirá do fim do primeiro ciclo até meados do cinqüentenário.

Sua vibração será baseada no dia do nascimento reduzido a um algarismo. Para Napoléon, o segundo ciclo é de vibração "6".

**O terceiro ciclo é chamado o ciclo da colheita**

Ele começa ao fim do ciclo produtivo para terminar quando da morte. Por conseguinte, atua durante o período da aposentadoria, da retirada, ou da terceira idade.

Suas vibrações dependem do ano do nascimento reduzido a um algarismo.

Para Napoléon, o terceiro ciclo é "5".

Várias escolas de Numerologia fazem variar a idade da entrada no segundo ciclo da vida. Para algumas delas a idade é de 25 ou 27 anos.

De minha parte, concordo com a opinião do Professor que me ensinou e que está de acordo com Kevin Quinn Avery, eminente numerólogo, de renome internacional, que fixa o início do segundo ciclo no dia 1.º de janeiro do ano pessoal "1" mais próximo do 28.º aniversário.

Se o ciclo começar antes dos 28 anos, as vibrações só se farão sentir em sua plenitude apenas a partir do 28.º aniversário, mas terão influência desde o início do 2.º ciclo.

Se o ciclo começar depois dos 28 anos, as vibrações se farão sentir a partir dos 28 anos e atingirão seu apogeu no início real do segundo ciclo.

O terceiro ciclo é tido como iniciando-se 28 anos depois do início do segundo ciclo. Contudo, há divergências de interpretação também a esse respeito.

Foi decidido que se considerasse que o terceiro ciclo, para levar em conta as revoluções da Lua, só tivesse início no dia 1.º de janeiro do ano pessoal "1" mais próximo dos 56 anos e 8 meses.

Para ilustrar o que ficou dito, procuremos para Napoléon as datas de mudança de ciclo.

Ele nasceu em 1769, ano universal "5". Para Napoléon, esse ano de nascimento é um ano pessoal:

| Dia | + | Mês de nascimento | + | Ano Universal |
|---|---|---|---|---|
| 1 + 5 | + | 8 | + | 5 = 19 = 10 = 1 |

(O ano pessoal é calculado juntando-se o dia do nascimento com o mês respectivo, juntando-se, a seguir, o ano universal.)

Se somarmos 28 anos ao ano de 1769, teremos o ano de 1797, que vem a ser um ano pessoal "2", ou seja:

$$1 + 5 + 8 + 1 + 7 + 9 + 7 = 38 = 11 = 2$$

Portanto, o ano "1" mais próximo dos 28 anos e 3 meses é 1796.

- Napoléon entrou em seu 2.º ciclo a 1.º do 01 de 1796.

Note-se que ele assumiu o comando do Exército Italiano em 1795.

Vamos agora procurar, da mesma maneira, o início do terceiro ciclo.

1796 + 56 anos e 8 meses = 1826, pela altura de abril.

$$1 + 5 + 8 + 1 + 8 + 2 + 6 = 31 = 4$$

Portanto, o ano "1" mais próximo de 56 anos e 8 meses é 1823.

Todos sabem que Napoléon Bonaparte morreu em 5.5.1821, não chegando a alcançar o início do terceiro ciclo.

Vamos, agora, encontrar novamente, no quadro que vem a seguir, a significação dos números segundo a influência que têm sobre o ciclo formativo, o produtivo e o da colheita.

É preciso não perder de vista sua interferência com o Caminho da Vida. Para que os algarismos tragam a plenitude de suas vibrações, é preciso que haja acordo entre eles, senão estabelece-se a dissonância, que causa perturbações penosas.

| VALOR DO CICLO | PRIMEIRO CICLO: FORMATIVO | SEGUNDO CICLO: PRODUTIVO | TERCEIRO CICLO: COLHEITA |
|---|---|---|---|
| 1 | Desenvolvimento do ser e de suas capacidades. Não dar liberdade excessiva, nem reprimir a criança, a fim de que ela possa desenvolver-se harmoniosamente. | Energia, realizações, êxitos dos esforços. Não sacrificar os outros à realização de seus próprios desejos. | Grande vitalidade potencial, impossível pensar em aposentadoria, atividade cerebral intensa. |
| 2 | Recordemos que o 2 é feminino; portanto, leva a pensar que a criança sofrerá, na sua infância, a influência de uma mulher (mãe, avó etc.), seja porque seu pai esteja ausente do lar (viajante), ou porque tenha desaparecido ou deixado o lar. Período de amizade, afeição submissão. Casamento precoce. Não mimar demais a criança, ou mostrar demasiada indulgência. | Submissão, associação, cooperação, desejo de trabalhar em equipe e de formar associações. A família e o casamento serão favorecidos.<br><br>Evitar colocar-se demasiadamente à frente. | Ciclo agradável. Os homens estarão sob a influência de uma mulher. É excelente período para fazer coleções de selos, de moedas, de diversos objetos etc.<br><br>Período de amizade calorosa e de ternura. |
| 3 | Período importante para se expressar, sucesso artístico na escola. A música e as artes plásticas podem assumir importância na vida da pessoa. Período agradável, muita alegria e saídas até os 20 anos. | O mais agradável de todos os ciclos. Período de facilidades, de despreocupação, de alegrias. Muitos amigos, conhecidos, família afetuosa. Excelente período para se expressar através das artes. Durante este ciclo, as pessoas são criativas e originais. | Muitos pontos em comum com o segundo ciclo, período de expansão, com amigos e atividades agradáveis. |

| VALOR DO CICLO | PRIMEIRO CICLO: FORMATIVO | SEGUNDO CICLO: PRODUTIVO | TERCEIRO CICLO: COLHEITA |
|---|---|---|---|
| 4 | Estudos trabalhosos: a criança deverá lutar ou suportará uma influência repressora. Vida bastante dura e limitada. | Período de construção ou de fundação. Influência sólida e estável. Poucas viagens, a não ser de trabalho, e férias destinadas a se refazer para continuar. Pouca frivolidade. Período de trabalho e produtividade. | Nada de aposentadoria, nem de vida fácil. Ainda haverá muito trabalho, por opção ou por necessidade. |
| 5 | Período de mudanças e de liberdade. Os pais deverão deixar à criança a liberdade de se expandir livremente, sempre cercando-a de ternura, pois as vibrações sexuais são negativas. | Viagens, atividades, mudanças contínuas a encarar, mudanças de moradia, amizades e aventuras sentimentais. Reviravoltas inesperadas. Em todos os períodos que vão de 18 meses a 2 anos, uma mudança a prever. | Mudanças agradáveis, atividades novas, viagens. Poucas preocupações, mas a aposentadoria não está muito certa. |
| 6 | Período de obrigações e deveres, pesadas responsabilidades a suportar por uma criança. Os pais devem cuidar de não sobrecarregar o filho com responsabilidades pesadas demais. No todo, um período restritivo. À altura dos 20 anos, a pressão diminuirá e um casamento ou uma aventura sentimental poderá acontecer. | Adaptação a prever, tanto no plano familiar como no profissional. Confrontação com problemas diversos, às vezes relativos a outros. Vida familiar feliz, se a pessoa se adaptar. Não procurar a perfeição: ela não existe. | Segurança, talvez com restrições. A pessoa poderá suportar responsabilidades imprevistas. Será preciso que as aceite com um sorriso. |

| VALOR DO CICLO | PRIMEIRO CICLO: FORMATIVO | SEGUNDO CICLO: PRODUTIVO | TERCEIRO CICLO: COLHEITA |
|---|---|---|---|
| 7 | Vida interior rica, mas tendendo a ser fechada. Os pais devem encorajar a criança a se expressar. Ela procurará instruir-se, será muito ponderada, encontrará uma finalidade. | Crescimento tranqüilo, estudos, reflexão. Casamento pouco provável. Se chegar a ser considerado, o cônjuge deverá ser objeto de judiciosa escolha. A pessoa não deverá procurar as ocasiões: elas se apresentarão. É um ciclo durante o qual a pessoa pode encontrar a fé. | A aposentadoria não estará garantida, mas o período será agradável e repousante. quando os estudos poderão ser feitos em casa. Poucas atividades, poucas saídas. mas período de sensatez. |
| 8 | Ciclo forte demais para uma criança. Não se deve deixar muito dinheiro à sua disposição nem mimá-la em excesso. Período de realizações e de enriquecimento intelectual. | Este ciclo promete assuntos importantes no mundo dos negócios e das finanças. Êxito material, se a pessoa agir bem. Ela deve esforçar-se por progredir, a fim de atenuar as tensões do "8", que devem ser materializadas. | Aposentadoria pouco provável. Muitas coisas a realizar durante este período. As vibrações impelem a pessoa para o dinheiro, o poder, o êxito. |
| 9 | Tensões que tornam este ciclo penoso para uma criança e exigem muita adaptação. Os pais devem usar de muita paciência e muito amor, porque a criança pode demonstrar nervosismo, emotividade e medo. Suas possibilidades são muito boas no que concerne aos estudos. | Tendências espirituais que levam ao sucesso na vida pública. Ciclo difícil. Problemas no casamento. A pessoa tende antes a dar amor à humanidade do que à família. Período de liberdade necessária à exploração dos dons e do ciclo. Poucos fracassos a prever, se os esforços necessários forem feitos. | Ciclo de retiro. de aposentadoria, de estudos e de erudição. |

| VALOR DO CICLO | PRIMEIRO CICLO: FORMATIVO | SEGUNDO CICLO: PRODUTIVO | TERCEIRO CICLO: COLHEITA |
|---|---|---|---|
| 11 | Ciclo muito complexo e muito difícil de suportar, para uma criança, por causa da inspiração que ele traz.<br><br>Geralmente, o 11 se reduz a 2, e a criança vive sob vibrações menos elevadas. | Inspirações, revelações, grandeza, ideal. Aconselha-se grandemente que não sejam feitas transações comerciais ou especulações neste período. | Período de aposentadoria, de leitura ou de escrita. Com toda a certeza, a inspiração do segundo ciclo continuará. |
| 22 | Não há ciclo formativo, porque não existe mês para além de 12, e é melhor que assim seja. | Período de autoridade e comando. Enormes possibilidades de realização. Atenção: os nervos e as emoções podem causar danos. | Atividade necessária, porque as vibrações são fortes. Prevenir o nervosismo mantendo uma atividade física apropriada. |

Cada ciclo contém em si qualidades importantes e vibrações excepcionais, e aconselha-se tirar partido delas. Contudo, se os aspectos negativos não forem dominados, as possibilidades positivas não se realizarão.

Como o Caminho da Vida, as vibrações do segundo ciclo devem ser examinadas quando da escolha de um trabalho.

Os ciclos auxiliam o conhecimento, a expansão ou a realização. Se um desses ciclos coincidir com o Caminho da Vida, as lições que se devem levar em conta serão mais fáceis de se captar, porque ocuparão extensão mais vasta.

CAPÍTULO V

# As realizações da vida

*Não basta dar passos que devem, um dia, conduzir ao objetivo: cada passo, em si mesmo, deve ser um objetivo, ao mesmo tempo em que nos leva mais adiante.*

Goethe

*O que é difícil atrai o homem de caráter, porque, agarrando-se a ele, é que realiza a si próprio.*

Charles de Gaulle

As realizações se desenvolvem simultaneamente aos ciclos da vida, enquanto a eles se sobrepõem. São pontos culminantes que a vida poderá atingir a um dado momento. Elas antevêem mudanças que poderão acontecer na vida da pessoa. Portanto, situam-se, em importância, imediatamente após o Caminho do Destino.

Durante a vida, haverá quatro realizações principais. Elas sobrevêm aproximadamente ao mesmo tempo em que acontecem as modificações do ciclo.

Surgirá, então, na vida da pessoa, uma mudança: modo de vida, fortuna, ideal, sentimentos, emoções ou interesses, mas, seja como for, haverá uma mudança no momento de uma realização.

Se os aspectos negativos da vida não forem suplantados antes do advento da realização, a plenitude de seus efeitos não poderá ter lugar.

As realizações representam dons que a vida nos reserva; se forem vividas positivamente, a elas irão seguir-se abundantes benefícios. A vida da pessoa será, com isso, inteiramente animada. Em caso contrário, sobrevirá a catástrofe.

A primeira realização chama-se *a realização* porque se aplica à primeira parte da existência; a segunda é *a obrigação*, a terceira é *a expressão* e a quarta, enfim, é *a introspecção*.

O ciclo de base é de 9 anos; como no caso do segundo ciclo da vida, calcula-se o ponto de partida da segunda realização, partindo a primeira, evidentemente, do nascimento.

A duração da primeira realização é de quatro vezes o ciclo de 9 anos, ou seja, 36 anos. Mas o ponto de partida da segunda realização é igual a 36 anos menos o valor do Caminho do Destino, para respeitar a individualidade da pessoa.

Os pontos de partida da terceira e da quarta realizações situam-se 9 anos depois de cada um dos precedentes. A última realização durará do fim da terceira até a morte da pessoa.

Para encontrar o valor de cada realização é preciso tomar por base a data do nascimento.

A primeira realização é igual ao dia somado ao mês do nascimento.

A segunda realização será igual ao dia somado ao ano do nascimento.

A terceira realização será igual à soma das duas primeiras realizações.

A quarta será igual ao mês somado ao ano do nascimento.

Eis a maneira correta de encontrar as realizações de Napoléon Bonaparte.

— Data do nascimento : 15.8.1769

— 1.ª realização : 36 − 1 = 35 anos

— Valor : 15 + 8 = 23 = 5

— 2.ª realização: de 35 a 44 anos 1769

15

— Valor 1784 = 20 = 2

— 3.ª realização: de 44 a 53 anos 23
1784

— Valor 1807 = 16 = 7

— 4.ª realização: depois dos 53 anos 1769
8

— Valor 1777 = 22

Napoléon morreu 1 ano antes do advento da 4.ª realização.

Vale a pena, agora, observar em detalhes o sentido das realizações:

1. — Em princípio, esse número revela-se particularmente benéfico, pois significa: realização da personalidade, êxito material.

Na segunda e na terceira realizações, há o presságio de uma renovação da existência, mudança do modo de vida, renascimento moral e material.

Última realização, realização difícil de suportar.

2. — Má realização no início da vida, porque supõe a perda do pai, seja pela morte, seja pela separação, por distanciamento ou divórcio; seja a causa qual for, a mãe, ou uma mulher do ambiente da pessoa, terá uma forte influência.

Nas outras realizações, boa influência, boa associação, amigos devotados, casamento feliz.

3. — Bom número, não importa em que realização, grandes possibilidades de expressão, sobretudo nas artes. Traz amigos, relações, saídas, encontros interessantes, aventuras romanescas, afeições. O êxito e o sucesso estarão presentes sob todos os aspectos da vida.

4. — Períodos de restrições, não importa em que estágio das realizações. Trabalho intenso, mas período muito bom para plantar fundamentos sólidos.

5. — Período de liberdade pessoal intensa, viagens contínuas, mudanças freqüentes. Os projetos arquitetados durante esse período não conseguirão manter-se por muito tempo; muito charme, possíveis aventuras sexuais sem conseqüências.

6. — Período de responsabilidade e adaptação durante o qual o casamento poderá ser decidido, amor, afeição, ternura. Se o período for vivido positivamente: êxito e segurança, quando não conflitos, divórcio, dificuldades.

7. — Período de isolamento, de solidão. Bom período para estudar, meditar — período de introspecção intensa. Tensões, período pouco agradável para pessoas que tenham problemas com esse número.

O casamento contraído anteriormente ao advento de uma tal realização resistirá a todos os temporais, ao passo que aquele contraído durante uma realização 7 terá pouca chance de ser feliz.

Aparecendo como última realização, esse número será difícil de suportar.

8. — Bom período para o êxito material. Ascensão rápida para as responsabilidades, se a vida for vivida positivamente. Em contrapartida, se a vida for negativa, inquietude e preocupações financeiras durante toda a realização.

9. — Haverá grandes realizações, sucesso em negócios durante essa realização. Já os projetos pessoais, afetivos, não trarão contentamento. Haverá perdas e sacrifícios a fazer durante esse período. Muitas mudanças de residência e viagens estão previstas.

11. — Período de grande inspiração, período de êxito quase certo.

22. — Período de importantes desempenhos, grande criatividade. Sofrimento moral e injustiça para com os outros, se a vida for negativa.

A significação das realizações aproxima-se muito da dos ciclos da vida, porém sua influência é distintamente mais forte, porque as suas vibrações se fazem sentir diretamente sobre o Caminho da Vida. Às vezes, a influência da realização prevalecerá sobre o Caminho da Vida.

Ciclos de nove anos presidem a vida do homem. Sua utilidade é a de trazer uma corrente suplementar à vida do homem, dando um colorido por vezes um tanto diferente à realização ou ao ciclo, introduzindo, de certa maneira, uma harmonia complementar.

Para todas as pessoas, cada ciclo de nove anos terá a mesma significação. Como no caso das Realizações, sua evolução se dá de aniversário a aniversário.

1. — Do nascimento aos 9 anos...... Evolução do ser
2. — Dos 9 aos 18 anos ............. Associação
3. — Dos 18 aos 27 anos ............ Expressão
4. — Dos 27 aos 36 anos ............ Trabalho
5. — Dos 36 aos 45 anos ............ Liberdade
6. — Dos 45 aos 54 anos ............ Responsabilidades
7. — Dos 54 aos 63 anos ............ Introspecção
8. — Dos 63 aos 72 anos ............ Aspectos materiais
9. — Dos 72 aos 81 anos ............ Acumulação
10. — Dos 81 aos 90 anos ............ Renascimento
11. — Dos 90 aos 99 anos ............ Inspiração

CAPÍTULO VI

# Influências das vibrações sobre a vida do homem

**1 — As vibrações universais**

Tudo, na vida, como já vimos, se desenvolve em ciclos de 9 anos.

O próprio Universo está submetido a esse ritmo. Cada país, cada cidade, cada sociedade tem uma vibração própria.

As vibrações universais são fortes, mais fortes, freqüentemente, do que as outras vibrações, e todos nós, no mundo, sofremos esses efeitos.

Por isso é que não se deve negligenciar o estudo do tema pessoal.

Eu gostaria de transmitir-lhes as sensações que percebemos quando sujeitos às vibrações do Cosmos, e creio que apelarei, mais uma vez, para a Música, a de Alim Kemski em particular: "Porta de ouro da memória", onde a harmonia e o tilintar dos sinos são associados ao timbre vibrante dos gongos e se fundem em vibrações mais ou menos graves, mais ou menos longas, melancólicas ou jubilosas, semelhantes às vibrações universais que tudo envolvem e nos influenciam positiva ou negativamente, em função dos países onde vivemos, da sociedade na qual tentamos inserir-nos e, afinal, de nós próprios.

Eis as datas históricas escolhidas para levá-los a compreender melhor o sentido das vibrações universais.

1789: 25/7. — Presságio de lutas. Revolução Francesa contra a Monarquia.

1798: 25/7. — Golpe de Estado de 22 Floreal. Expedição de Bonaparte ao Egito. Derrota de Aboukir. Insurreição no Cairo. Início da Coalizão contra a França (dezembro de 1798).

1807: 16/7. — Guerra com a Prússia — Eylau e Friedland.

1816: 16/7. — Insurreição de Grenoble. Naufrágio da fragata Medusa. Dissolução da *Chambre Introuvable*. Vitória de Bolívar sobre a frota espanhola. Expedição de Lord Exmouth contra os Piratas da Argélia. Massacre do *Dey* da Argélia pelos Turcos.

Como podem constatar, as vibrações de 25/7 são mais fortes e de alcance mais extenso do que as de 16/7.

Deixemos passar os anos com seu cortejo de desgraças e suas horas de alegrias, felizes e claras. Aproximemo-nos dos anos que alguns dentre nós conheceram e viveram.

1940: Ano 5, oriundo do 14 — Anuncia mudança e o dia 18 de junho, dia do apelo do General de Gaulle é bem um dia de inspiração e apelo à união de todos os franceses para uma mudança.

Junho é, com efeito, um mês universal 11/2 ($6 + 5 = 2$) e o dia 18 é também um dia nas mesmas condições 11/2 ($18 = 9 + 2 = 11$).

1945: Ano 19/10/1 — Ano do renascimento depois dos combates. Examinemos o dia 8 de maio de 1945. Maio é um mês universal 6, sinônimo de paz e de harmonia ($5 + 1 = 6$).

O dia 8 de maio é um dia 5 (oriundo do 14) no plano universal, dia de esquecimento e de sacrifício e adaptação para encontrar de novo o bom caminho.

Seria, portanto, possível multiplicar ao infinito os exemplos, a fim de situar o sentido das vibrações universais.

Os leitores puderam, ao mesmo tempo em que captavam o sentido das vibrações universais, captar, também, o sentido das vibrações universais mensais e diárias.

Para encontrar o mês universal, soma-se o algarismo do mês do calendário ao algarismo do ano universal.

Para encontrar o dia universal, soma-se o algarismo do dia do calendário ao algarismo do mês universal.

O sentido das vibrações dos anos universais (A.U.) é definido da seguinte maneira:

A.U. 1. — O universo encontra-se diante de caminhos novos. Os estados contemplam novos inícios em diversos domínios.

A.U. 2. — Tratados de paz, uniões, alianças entre povos são possíveis. Mas, se a harmonia pode reinar, pode haver desacordos e dualidades importantes. Não obstante, a tendência é mais para a paz do que para o rompimento.

A.U. 3. — As artes são favorecidas, em particular o teatro. O ano tende a ser consagrado aos lazeres, às viagens, às estadias agradáveis. Manifestações populares. Nascimento de contratos sociais.

A.U. 4. — Vibrações duras, influência brutal sobre os indivíduos. O mundo trabalha para progredir. Conferências internacionais diversas, a fim de que os ideais progridam. Acordos internacionais. Descobertas e progressos industriais.

A.U. 5. — Mudanças (boas ou más).

A.U. 6. — Tratados, reconciliações, paz ou guerra, uma série de casamentos no mundo inteiro.

A.U. 7. — Ano tranqüilo, em que o Mundo se recolhe e se abre à inspiração divina. O misticismo passa adiante dos outros domínios.

A.U. 8. — Este ano pode produzir grandes cataclismos físicos, epidemias, fome, mas será possível encontrar um grande movimento de fundos entre os países. Permutas internacionais frutíferas.

A.U. 9. — Conclusão dos conflitos. Realização de grandes projetos, em estudo há muitos anos. Progresso do ocultismo, da metafísica e da religião. Recrudescência e manifestação exterior da fé das pessoas, que passarão a freqüentar mais as igrejas.

A.U. 11. — Também aqui a inspiração está ajudando, e o progresso das ciências ocultas aumentará. Novas ideologias podem nascer em um ano 11.

A.U. 22. — Criações positivas possíveis para a Humanidade (hospitais, organização mundial para a defesa da Paz).

Regulamentos de interesse comum. Mas, infelizmente, também conflitos, guerras, desastres de rara intensidade em escala internacional (cf. 1939, 1948 etc.).

**2 — Vibrações pessoais anuais**

Para o Homem cada novo ano traz vibrações particulares, ou vibrações pessoais. É claro que se encontrarão nele todos os símbolos dos algarismos de 1 a 9, mas estarão integradas ali, para cada pessoa, as vibrações devidas ao seu nascimento.

Eis uma das razões pelas quais cada criatura é diferente, mesmo que tenha, felizmente, pontos em comum com seus vizinhos.

Aliás, a astrologia explica muito bem essa diferenciação dos seres através da hora exata do nascimento, que determina a posição dos planetas, fixa o ascendente, as conjunções e os aspectos formadores das suas características principais.

Isso explica por que os "horóscopos" jornalísticos jamais correspondem completamente a ninguém dentre nós. O que nos trazem é a tonalidade principal do momento em que se situam, e fica a nosso cargo tirar partido disso. Não os censuremos, eles têm a sua utilidade.

Voltemos, contudo, ao exame das vibrações pessoais anuais.

Para determinar o ano pessoal de alguém, é suficiente somar o dia e o mês do nascimento ao do ano universal.

Por exemplo, 1982, para alguém nascido a 28.5.1942, é um ano pessoal 2 + 8 + 5 + 2 (1982) = 17/8.

Cada ano trará, pois, ao homem, as vibrações que lhe serão próprias, que ele precisa aprender a conhecer, a fim de aproveitar melhor os momentos favoráveis ao seu progresso, à sua expansão pessoal, mas também os momentos difíceis, com obstáculos a vencer, momentos em que a paciência deve ser o maior atributo para se obter êxito: é preciso observar o *wait and see* — esperar e ver.

As grandes modificações da sua existência aparecerão principalmente durante o curso dos anos 1, 5 e 9.

As perdas maiores serão nos anos 8 e 9. A penúria e a limitação, nos anos 4, 8 e 9. O casamento terá mais chances de êxito se for realizado nos anos 2 ou 6. Os momentos favoráveis para a vida sentimental estão nos anos 2, 5 e 6.

Os anos em que a paciência será rudemente posta à prova, em todos os domínios, são os anos 2 e 7.

Os anos de fortes vibrações emocionais são os anos 7 e 9.

As vibrações de um ano pessoal se farão sentir desde o princípio do ano até o fim de setembro, data a partir da qual começam a se desvanecer. Mas, a essa altura, as vibrações do ano seguinte vão se fazer sentir. A vibração do ano pessoal será mais forte durante o mês pessoal 1.

Entremos agora, daqui para diante, na significação das vibrações de cada ano.

- **Ano pessoal 1:**

A palavra-chave poderia ser: princípio — libertação das amarras — início. É, portanto, um ano particularmente benéfico — se estiver de acordo com as vibrações universais — para começar uma atividade nova, para criar uma sociedade (se houver capacidade para isso). É preciso, então, ser positivo, ir adiante, não poupar esforços. Todavia, a pessoa terá de aprender a desembaraçar-se sozinha e a não contar demais com os outros.

Do exterior, há poucos obstáculos a vencer ou a temer.

Muitas mudanças favoráveis (de domicílio, de vida etc.), talvez uma vida nova possa aparecer em um ano 1. A arrogância não será tolerada, e uma promoção não-merecida ocasionará pesados prejuízos.

- **Ano pessoal 2:**

Palavra-chave: associação — submissão:

É um ano em que a ambição agressiva não se pode expandir. Será, ao contrário, conveniente abafar sua personalidade e submeter-se.

Por outro lado, se o trabalho é feito em grupo, será um ano favorável para utilizar as idéias de outros membros do grupo. Obter-se-á bastante ajuda durante esse período. No decorrer do ano, é possível conseguir novos amigos. É possível que se realize um casamento, assim como é possível um divórcio ou um rompimento no trabalho, pois as vibrações positivas e negativas são da mesma força.

Se o ano 1 foi positivo, será encontrada novamente a sua positividade no decurso do ano 2 e, nesse caso, o ano 2 será positivo.

- **Ano pessoal 3:**

Como no caso do ano 1, se o ano 2 foi bem vivido, o ano 3 promete ser um ano de êxito e sucesso. Esse ano será propício aos reencontros e às idéias novas, ou a novos centros de interesse. As vibrações são boas para os lazeres, as saídas, as amizades e os negócios em geral.

A vida deverá ser, senão feliz, pelo menos bastante agradável, com os problemas, em seu total, sendo facilmente resolvidos. A expressão pelas artes, sejam de que natureza forem, será favorecida.

Se a vida dos anos precedentes não foi positiva, poderá haver perdas, gastos excessivos e melancolia, tornando sombrio esse ano.

- **Ano pessoal 4:**

A palavra-chave é: trabalho.

Todavia, segundo o número que serviu para determinar o 4, esse trabalho irá revelar-se mais ou menos penoso de suportar. Oriundo do 13 ou do 31, trará uma realização maior da pessoa e, assim, será mais bem suportado, porque será sinônimo de expansão pelo trabalho.

É preciso, porém, que a pessoa se mostre corajosa, pronta ao trabalho duro. Tudo deverá ser vigiado: finanças, vida pessoal, onde a ordem deverá reinar, senão surpresas más poderão surgir: perdas, roubos. A saúde corre o risco de estar mais frágil e deverá ser objeto de cuidados atentos.

Será um ano de estabilidade financeira e, se o período for inflacionário, um ano de restrições.

Com exceção das férias normais, nenhuma viagem deverá ser projetada, a não ser que se trate de viagens de estudo ou de trabalho. O modo de vida não deverá ser modificado, nada deve ser modificado no decorrer de um ano 4.

Por outro lado, se for feito um trabalho sério, se houver cuidado com os pormenores, se a pessoa se ocupar corretamente de seus negócios, os aspectos duros desse número desaparecerão e os frutos do trabalho realizado se farão sentir a partir do ano seguinte.

- **Ano pessoal 5:**

Palavra-chave: mudança.

Será preciso dar início a métodos novos. Se os 4 anos precedentes trouxeram problemas ou experiências, esse é o momento ideal para salvar o que deve ser salvo. É necessário mudar e aceitar as mudanças que serão propostas.

A liberdade pessoal estará em seu apogeu e as vibrações são boas. Poderá haver mudança de domicílio, seja pela transformação ou trabalhos no domicílio atual, ou uma mudança decorrente da possível compra de uma nova moradia.

Modificações profissionais, sentimentais, viagens, tudo pode acontecer no decurso de um ano 5.

Os projetos feitos em um ano 5 nem sempre terão longa duração, mas poderão atrair outros que se revelarão positivos.

Se, ao contrário, a vida levada anteriormente se revelou positiva, é o caso de manter o que existiu até então, porque qualquer modificação tomaria um sentido inverso.

Os excessos sexuais trarão problemas. O abuso dessa liberdade terá repercussões no ano 7. Por outro lado, se as aventuras sentimentais não prejudicarem ninguém, poderão mostrar-se como momentos agradáveis, mas sem a característica da duração.

Será necessário observar as pessoas que formam seu ambiente, podendo acontecer uma traição em um ano 5.

A verdade é que não se deve prejudicar o próximo com uma liberdade pessoal excessiva, nem fazer promessas que não serão cumpridas.

• **Ano pessoal 6:**

Palavra-chave: adaptação.

É o ano em que as vibrações são excepcionais para a compra da casa desejada há muito tempo, para melhorar a habitação atual.

Virão responsabilidades novas, se os anos precedentes foram positivos, e estarão acompanhadas de avanços ou êxito financeiro. Em princípio, no decurso desse ano não haverá preocupações financeiras a temer.

Trata-se, aliás, de um ano para regularizar o lado financeiro. Se lhe devem dinheiro, poderá fazer com que os seus devedores paguem; se a dívida é sua, poderá resgatá-la facilmente, ou conseguir um acordo com os seus credores.

Afetivamente, é um bom ano para contrair casamento. Se o casamento já se realizou, é bom dar mais atenção ao seu par, porque há a possibilidade de separação ou divórcio.

Aliás, a menos que seja expressamente chamado a intervir, é bom evitar imiscuir-se nos problemas alheios, pois só terá dissabores com isso.

Por conseguinte, se a vida é e tem sido positiva, a vida familiar será feliz, a situação se revelará próspera e a casa confortável.

• **Ano pessoal 7:**

Palavra-chave: paciência — sensatez.

Esse ano será excelente para o ano sabático. No decorrer desse ano, é preciso repousar, apacientar-se, meditar, fazer um balanço dos 6 anos transcorridos, refletir sobre o sentido da vida levada até então: encontrar e assumir uma nova orientação, se necessário for.

Não é um bom ano para investimentos, nem para se lançar a um novo negócio. É mau, em geral, para tudo quanto se refere a dinheiro e ao comércio, e muito bom para o restante especialmente para os estudos pessoais, a introspecção e os escritos.

A pessoa estará, muitas vezes, solitária, ou face a face consigo própria, e seu moral, em conseqüência, poderá ressentir-se.

As viagens de estudos e as longas férias são favorecidas.

Para os que se interessam pela espiritualidade, seus esforços serão coroados de êxito e lhes trarão a paz interior.

Para os que forem negativos, o período será penoso, de pobreza e solidão, que as lamentações só conseguirão agravar.

- **Ano pessoal 8:**

Palavra-chave: materialidade.

É o ano em que se deve investir, fazer frutificar as economias. Esse ano trará o arranjo de tudo o que é devido. Para os que foram positivos, o ano será positivo e promete êxito financeiro, crescimento do prestígio pessoal. É preciso ir adiante. As mulheres poderão fazer um belo casamento. Mas é conveniente mostrar-se modesto. Os pretensiosos serão batidos, a arrogância não é tolerada.

Os negativos sofrerão perdas financeiras ou serão limitados em todos os planos. As dívidas cármicas devem ser resgatadas, e o mal causado a outros anteriormente será pago neste ano.

- **Ano pessoal 9:**

Palavra-chave: realização — perfeição.

Nada se deve começar em um ano 9, a menos que não se deseje prolongar a ação iniciada. É um bom ano para terminar o que se começou.

Este ano pode trazer muitas mudanças e viagens.

Convém rejeitar e fazer uma depuração de tudo quanto foi negativo anteriormente. É possível afastar, sem remorsos, as pessoas com as quais os laços não são positivos.

É possível pôr fim a todas as associações.

O ano será excelente para se fazer um balanço da saúde, para fazer estudos, para escrever; se a vida tem sido positiva, esse será um período de grandeza e de realização, de riqueza, de avanço nos conhecimentos, de sucesso e felicidade.

Caso contrário, poderá ser um ano de perda, de sacrifício, de falência, de destruição, de transtornos, desgosto e infelicidade.

Recomenda-se, por outro lado, que se façam projetos para para uma vida nova e positiva, que terá seu início no ano 1.

• **Ano pessoal 11:**

Pouco propício aos ganhos pessoais, este ano será favorável para obter sucesso em outros domínios: religioso, literário, artístico.

Ele contém as vibrações dos anos 2 e 9 reunidos. Sob seus auspícios, muitas idéias novas, inspirações e revelações irão aparecer.

Contudo, as vibrações causarão tensões, nervosismo e emotividade.

As vibrações são más para tudo que se refere ao material, mas excelentes para tudo que concerne ao espírito, contanto que o interesse não se insinue nisso.

• **Ano pessoal 22:**

Todas as vibrações do ano 11 são reencontradas e, ainda, reforçadas ($22 = 11 \times 2$).

Os projetos, para serem positivos, devem referir-se, com proveito, à comunidade ou à Humanidade. Tudo quanto se volta para o serviço público ou para o auxílio aos outros é benéfico.

Tudo que se voltar para o interesse pessoal e material estará destinado ao fracasso e comporta vibrações negativas para a pessoa.

**3 — Vibrações pessoais mensais:**

Como no caso do ano pessoal, existem vibrações ligadas aos meses pessoais.

Esses meses são do mesmo alcance do ano pessoal, mas sua vibração é menos forte, e a vibração do ano pessoal prevalece sobre ela.

Para encontrar o mês pessoal, soma-se o algarismo do ano pessoal ao algarismo do mês do calendário.

**4 — Vibrações dos ciclos mensais:**

Juntamente com essas vibrações, existe uma vibração importante, que é a do ciclo mensal.

Todas as pessoas estão submetidas às vibrações de 3 ciclos de 4 meses, em um ano. O primeiro ciclo começa a agir no dia do nascimento e seu efeito dura 4 meses.

O segundo ciclo vem 4 meses depois, dia por dia, do primeiro ciclo, e assim por diante, até o aniversário seguinte.

O valor do primeiro ciclo será o mesmo, a cada ano. É representado pelo ano do nascimento reduzido a um algarismo e, por conseguinte, tem o mesmo valor do 3.º ciclo do destino.

O segundo ciclo de 4 meses é igual ao ano em curso, com a subtração do número do caminho da vida.

O terceiro ciclo é o resultado da soma dos dois ciclos precedentes.

Para tornar mais compreensível o que acima foi dito, proponho que examinemos o ano de 1804 do tema de Napoléon Bonaparte.

| Mês do calendário | 1 | 2 | 3 | 4 | 5 | 6 | 7 | 8 | 9 | 10 | 11 | 12 |
|---|---|---|---|---|---|---|---|---|---|---|---|---|
| Ano pessoal | 9 | 9 | 9 | 9 | 9 | 9 | 9 | 9 | 9 | 9 | 9 | 9 |
| Meses pessoais | 1 | 2 | 3 | 4 | 5 | 6 | 7 | 8 | 9 | 1 | 2 | 3 |
| Ciclos mensais | 2 | 2 | 2 | 2\|7 | 7 | 7 | 7 | 7\|5 | 5 | 5 | 5 | 5\|3 |
| Essência mensal | 3 | 4 | 5 | 6\|2 | 3 | 4 | 5 | 6\|4 | 5 | 6 | 7 | 8\|6 |

2º Ciclo 1803 — 3º Ciclo 1803 — 1º Ciclo 1804 — 2º Ciclo 1804

O ano "9" é um ano de grandes realizações: estabelecimento do código civil durante o ciclo mensal 2 (1.º de janeiro a 14 de abril de 1804).

Proclamação do Império. Nomeação dos Grandes Dignitários. Primeiras entregas da Legião de Honra durante o ciclo mensal 7 (de 15 de abril a 14 de agosto de 1804).

Convite do Papa para participar da sagração. Encontro do Papa e do Imperador: 2 de dezembro de 1804. Coroação em Notre-Dame, durante o ciclo 5 (de 15 de agosto a 15 de dezembro de 1804).

O simbolismo do 9 foi positivo para o Imperador.

Os pontos negativos, ou os sacrifícios, foram da execução de Cadoudal e do Duque d'Enghien.

Os ciclos mensais trazem, também, esclarecimentos sobre o que se passará no ano da pessoa, reforçando, assim, a significação do ano pessoal. Eis sua significação:

- **Ciclo mensal 1:**

Ocasião de assumir um comando ou de obter novas responsabilidades (direção, controle de uma unidade).

Todos os relacionamentos com homens são favorecidos. A pessoa deve seguir em frente.

- **Ciclo mensal 2:**

O êxito não virá a não ser em colaboração com outras pessoas. Todos os relacionamentos com mulheres serão favorecidos.

- **Ciclo mensal 3:**

Boas vibrações para as relações externas e os contactos. Vida externa favorecida e intensa. Novas amizades. Bom período para começar uma aventura sentimental (se o ano pessoal se prestar a isso, bem entendido). Todavia, será preciso ter o cuidado de não desperdiçar energias.

- **Ciclo mensal 4:**

Quatro meses de trabalho encarniçado, mas necessário para instalar fundações sólidas. Os pormenores deverão ser objeto de cuidados atentos, tanto no domínio profissional como no lar.

- **Ciclo mensal 5:**

As decisões cuidadosamente tomadas trarão melhoria de vida. Período de viagens e de novas amizades.

- **Ciclo mensal 6:**

Período de obrigações, mas também de proteção financeira. Grandes possibilidades afetivas (amor, casamento).

- **Ciclo mensal 7:**

Vida um pouco retardada, com adiamentos que precisam ser levados em conta. Boa época para as alianças, os acordos. Possibilidades de presentes inesperados aos que tiverem sido positivos.

- **Ciclo mensal 8:**

Pode haver chances em todos os campos compreendidos no domínio material, e convém aproveitar, mas sem vanglo-riar-se disso. A arrogância será punida.

- **Ciclo mensal 9:**

Sucesso, realizações positivas, que virão durante esses quatro meses, sob a condição de ajudar os outros e de servir aos demais. O egoísmo não deverá aparecer nesse período.

Depois dos ciclos mensais, a essência mensal, obtida com a soma do algarismo do mês pessoal e o do ciclo mensal, oferece particularidades que estão longe de ser negligenciáveis.

Elas têm a mesma significação do mês pessoal, mas podem trazer, na medida em que se encontrem em dualidade com um algarismo da mesma coluna, tensões, desperdícios de energia, falta de dinheiro, má saúde, estafa etc.

É relativamente fácil, agora, interpretar as grandes linhas de um ano na vida de uma pessoa.

É verdade que existem também vibrações diárias, das quais falaremos mais tarde, porém sua influência é fugaz e não se mostra suficiente para determinar tudo na ação do Homem.

Será interessante empreender uma ou outra ação durante os períodos positivos, ou esperar o momento próprio para agir.

Portanto, tudo é progressivo na vida de todos os dias, os meses, os anos, os ciclos, os anos que constituem os ciclos da vida e conduzem ao caminho principal de um destino.

O ciclo de revolução de 9 anos é rigoroso e não se modificará, não mudará. É preciso aceitá-lo tal como é e a ele se acomodar da melhor maneira possível.

A cada 9 anos virá ao homem a ocasião de progredir de novo, adaptando-se a um novo ciclo.

Encontrarão abaixo, sucintamente, o sentido das vibrações diárias.

- **Dia pessoal 1:**

Bom dia para marcar encontros e fazer transações.

- **Dia pessoal 2:**

Podem-se criar associações, firmar contratos, e pode ser o dia importante que se esperou por muito tempo.

- **Dia pessoal 3:**

Dia muito benéfico para a expressão sob todas as formas.

- **Dia pessoal 4:**

Dia de trabalho sério e nada mais.

- **Dia pessoal 5:**

Melhor momento para fazer contactos, lançar publicidade, para sair, viajar, para mudar.

- **Dia pessoal 6:**

Melhor momento para procurar apartamento ou casa, para comprar um bem imobiliário. Mau dia para viagens, não começar o que não puder ser acabado.

- **Dia pessoal 7:**

Dia ideal para o repouso, a meditação, ou uma saída com a família.

- **Dia pessoal 8:**

É preciso ocupar-se dos problemas materiais da existência.

- **Dia pessoal 9:**

  Dia em que as coisas terminam.

  Não começar nada de novo. Não fazer projetos.

Portanto, é possível escolher o dia favorável para pôr em andamento um novo projeto ou esperar as vibrações favoráveis de um dia para empreendê-lo.

Ir contra os números pressagia fracasso da ação empreendida.

Contudo, quero tranqüilizar os leitores.

Muitos, dentre eles, sem conhecer a Numerologia, têm tido êxito naquilo que empreenderam. Sua intuição, e certas forças cósmicas ocultas, guiaram-nos pelo Caminho.

Todavia, conhecer a Numerologia e dela servir-se positivamente trará vantagens adicionais. A autora se sentirá feliz e seu papel estará cumprido se conseguir convencer seus leitores dos benefícios do conhecimento dos Números.

CAPÍTULO VII

# Pontos culminantes e desafios do ano, do mês e do dia

Como no caso das realizações da vida e da data do nascimento, existem, ao nível do ano, do mês e do dia, pontos culminantes, ou apogeus, e desafios que precisamos levar em conta, mas sua importância é menor que a dos elementos precedentes.

Procuremos, para Napoléon Bonaparte, *os apogeus e os desafios do ano de 1804.*

Como vimos, 1804 é um ano universal 4 e um ano pessoal 9 para o Imperador.

Para obter os algarismos de base, é necessário conhecer o algarismo do ano universal (4), o algarismo do nascimento ou da realização (15 + 8 = 5) e o algarismo do ano pessoal 9.

— A linha de base fica, pois, assim definida:

4 – 5 – 9

O primeiro apogeu, em atividade de 1.º de janeiro a 31 de março de 1804, é a resultante da soma dos dois primeiros algarismos:

$$4 + 5 = 9$$

O segundo apogeu, em atividade de 1.º de abril a 30 de junho de 1804, é a soma dos dois últimos algarismos da linha de base:

$$5 + 9 = 14 = 5$$

O terceiro apogeu, em atividade de 1.º de julho a 30 de setembro de 1804, é igual à soma dos dois primeiros apogeus: 5 + 9 = 14 = 5.

O quarto apogeu, em atividade de 1.º de outubro a 31 de dezembro de 1804, é igual à soma do ano universal e do ano pessoal: 4 + 9 = 13 = 4.

O gráfico representativo desses apogeus será constituído da seguinte maneira, e representado por uma pirâmide com a ponta para o alto:

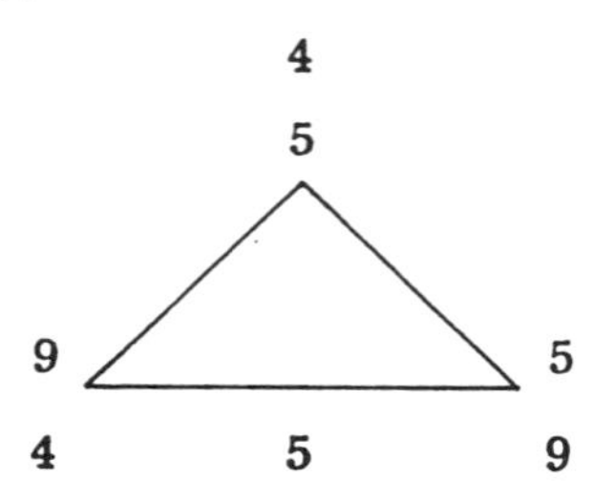


A significação dos apogeus é a mesma das Realizações. Os apogeus têm durações iguais e o efeito de cada apogeu se faz sentir durante toda a sua duração.

Para encontrar os desafios, opera-se como para os desafios da vida, e o gráfico que os representa é igualmente constituído por uma pirâmide, mas, desta vez, com a ponta para baixo.

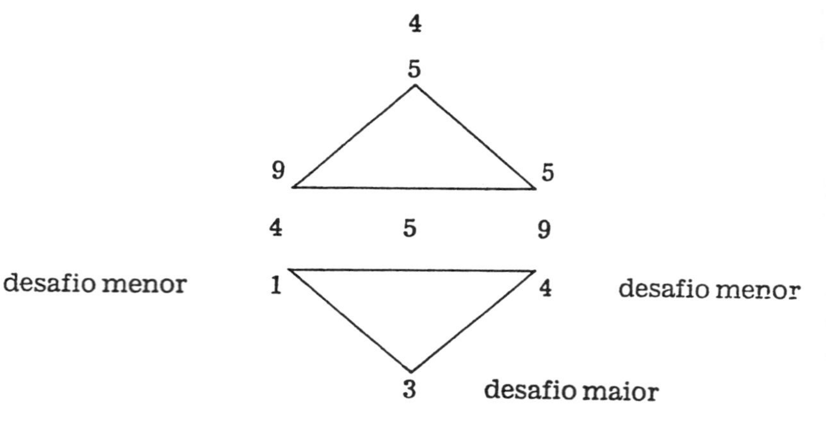

O sentido dos desafios é o mesmo que têm os desafios da vida.

• Apogeus e desafios do mês:

Se desejamos conhecer os apogeus e os desafios do mês de dezembro de 1804, convém operar da seguinte maneira:

O primeiro algarismo da linha de base é o mês considerado, ou seja, dezembro: 12 = 3.

O segundo algarismo é o do ano pessoal, ou seja, 9.

O terceiro algarismo é o do mês pessoal, ou seja, 3.

Utilizando o processo da pirâmide, podemos determinar os apogeus do mês de dezembro de 1804. Cada apogeu em atividade dura 7 dias, salvo o último, que se conserva ativo até o fim do mês.

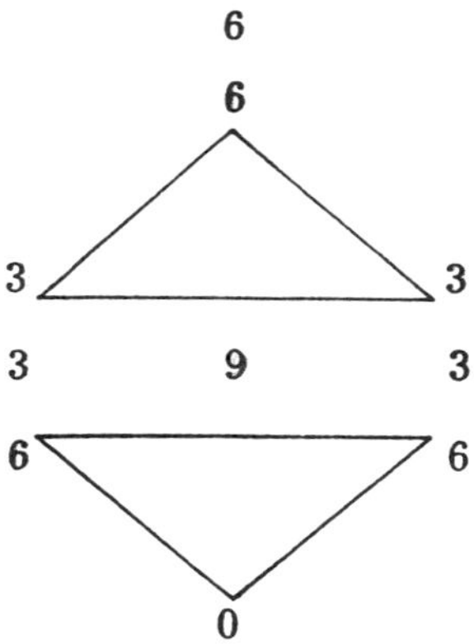


Os dois primeiros apogeus de mesmo valor trazem uma grande possibilidade de expressão e sucesso em quase todos os domínios.

Os 15 últimos dias do mês de dezembro trazem grandeza, responsabilidades e sucesso.

Os dois desafios menores em vigor para o mês pedem esforços para se adaptar a essas pesadas responsabilidades.

• **Apogeus e desafios de um dia:**

Procuremos encontrar os apogeus e desafios do dia 2.12.1804.

• O primeiro algarismo necessário para constituir a linha de base do dia que nos interessa é o 2.

• O segundo algarismo é o do mês pessoal, ou seja, o 3.

• O terceiro algarismo de base é o do dia pessoal, ou seja, o 5.

A linha de base é composta de 2 — 3 — 5.

A pirâmide dos apogeus e dos desafios fica estabelecida da seguinte maneira:

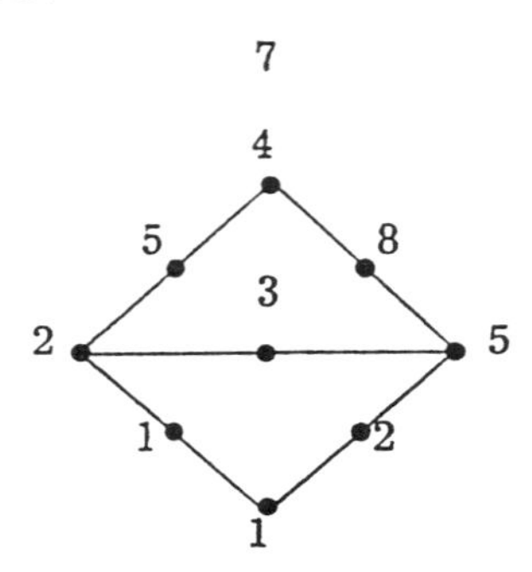


• O 1.º apogeu, em vigor de 0 às 6 da manhã, é 5.

• O 2.º apogeu, em vigor das 6 às 12 hs, é 8.

• O 3.º apogeu, em vigor das 12 às 18 hs, é 4.

• O 4.º apogeu, em vigor das 18 às 24 hs, é 7.

O desafio maior e o 1.º desafio menor são 1 e o 2.º desafio menor é 2.

Isso pode ser igualmente representado da seguinte forma:

| | | Desafios | Apogeus |
|---|---|---|---|
| Dia | 2 | 1/1 - 2 | 5 - 8 - 4 - 6 |
| Mês: dezembro | 3 | 0 - 6 - 6 | 3 - 3 - 6 - 6 |
| Ano | 9 | 3 - 1 - 4 | 9 - 5 - 5 - 4 |

Em resumo, os dias atuam sobre o ciclo mensal, os meses, sobre o ciclo anual, e os anos, sobre o ciclo do destino.

As vibrações do destino, portanto, são as mais fortes e as mais importantes.

Contudo, estes gráficos podem ser úteis para dominar os acontecimentos de um dia importante em sua vida e agir em função dos números, a fim de que possa mostrar-se sob seu melhor aspecto e, assim, ganhar a partida.

Pode ser importante, quando de uma transação, da solução de um processo, de um passo delicado em que o leitor seja o solicitante tanto para si próprio como para a pessoa ou órgão que represente.

Esse auxílio será tanto mais precioso se o dia não lhe for favorável e se lhe for impossível adiar o encontro ou o passo em questão.

CAPÍTULO VIII

# A excursão

Este outro gráfico numerológico dá uma interpretação completa da vida da pessoa. Começa com o seu nascimento e termina com a sua morte.

É importante, porque durante toda a duração da vida da pessoa ele informará essa pessoa sobre as mudanças que nessa vida se produzirão, sobre suas possibilidades físicas, afetivas, espirituais, e sobre os problemas que terá de enfrentar.

Trata-se da interpretação das vibrações das letras que passam na existência da pessoa. Recordemos que esse gráfico tem, como ponto de partida, o dia do nascimento, e leva em conta o valor numérico de cada letra do prenome e do nome, letras que se inclinam no sentido vertical da existência.

Por exemplo, desde seu nascimento, Napoléon Bonaparte esteve sob a influência do:

— N, de Napoléon, durante cinco anos, e do

— B, de Bonaparte, durante 2 anos,

agindo a influência de cada letra durante o número de anos igual ao seu valor.

É fácil, portanto, compreender que letras como o I e o R, que são de valor 9, influenciarão grandemente a pessoa durante a sua passagem. Essa influência será preponderante do meio da passagem até o ponto culminante, decrescendo a seguir a sua força.

Para tornar concreto o que foi dito antes, resolvi apresentar-lhes um outro exemplo, para uma melhor compreensão de toda a importância da boa escolha do nome de seus filhos, ou da importância que existe na intenção de mudar esse nome.

Imaginemos que o dia 1.º de junho de 1972 seja o do dia natalício de uma jovem chamada Marie Irène Dubois.[1]

| Datas | Idade | Passagem das Letras | Essência | Ano Pessoal | Ano Universal | Observações |
|---|---|---|---|---|---|---|
| 1.1.1972<br>1.6.1972 | 0 | M.I.D. | 17/8 | 8 | 1 | Saúde diminuída. Começo difícil. |
| 1.6.1975 | 3 | M.I.D. | 8 | 2 | 4 | Essências de acordo com os anos pessoal e universal. |
| 1.1.1976<br>1.6.1976 | 3<br>4 | M.I.D.<br>A.I.U. | 8<br>13/4 | 3<br>3 | 5<br>5 | Idem.<br>Essências em desacordo.<br>Saúde, limitações. |
| 1.1.1982 | 9 | R.I.B. | 20/2 | 8 | 2 | Afeição, submissão. Essências em acordo. |
| 1.6.1982 | 10 | R.R.O. | 24/6 | 8 | 2 | Essências em acordo. Harmonia, ternura. |

Daqui por diante, portanto, é fácil constatar, segundo o gráfico, que ao longo de toda a nossa existência se produzem mudanças, devidas ao mesmo tempo aos ciclos de vida e às modificações que surgiram na grade de excursão.

No início de sua existência, a pequena Marie teve dificuldades para se adaptar à vida (dualidade da essência e do ano pessoal), muito sensível — por causa do I. Ela teve de sofrer por causa do meio ambiente (choque com as letras M e D, de valor 4). Só a partir de 1982 a essência das letras se pôs de acordo com o ano pessoal e o ano universal, mas outro problema surgiu em 1.6.1982, com o R dobrado. Com efeito, vemos aparecer o R de Marie e o de Irène, que vão fazer par durante 5 anos. Não terão, é verdade, a mesma intensidade, mas essa intensidade é reforçada pela dupla passagem.

1. Toda semelhança com qualquer pessoa existente ou que já tenha existido é apenas uma coincidência.

Aqui, a tendência a acidentes existirá durante 5 anos. Os pais de Marie deverão, pois, vigiá-la durante todo esse tempo, a fim de que nenhum acidente físico grave apareça na vida da meninazinha.

Aliás, se examinarmos a grade de excursão contataremos que o I trouxe muita emotividade e sensibilidade à vida de Marie, no curso do 4.º e 5.º anos.

O D, por sua vez, deu também um certo nervosismo. Ela pode mostrar-se caprichosa ou ter crises de nervos.

Em 1.6.1976, duas letras mudaram na excursão, e produziu-se uma modificação na vida de Marie, tornando-se ela mais ativa (letra A — cerebral, ativa); foi possível levá-la à escola, onde ela pôde expressar-se; é possível que tenha mudado de domicílio (ano universal 5), mas isso perturbou a menina (essência em desacordo). O U pode também trazer um sentimento de frustração.

Em 1.1.1982, observamos que a essência 2 está em dualidade com o ano universal, mas as tensões serão menores do que seriam se a dualidade existisse entre a essência e o ano pessoal. Entretanto, ela existirá durante o curso desses seis meses do ano.

A supressão do I e a vinda do O melhoram, apesar disso, a sensibilidade da menina, que se mostrará ativa e de emotividade controlada.

A essência corresponde à soma dos valores das letras que passam, e é o valor mais importante do gráfico.

**Significação das Essências**

1. — Afirmação de si mesma, novos inícios; pode indicar que a pessoa é antes solitária do que casada. Período em que será necessário desembaraçar-se sozinha, e em que poderá sofrer solidão.

   Dualidade: atividade excessiva sem resultado.[2]

2. — Associação, submissão, emoções, história de amor, casamento ou divórcio, conflitos.

2. Trata-se da dualidade da essência e do ano pessoal.

Dualidade: pobreza, más emoções, decepções, saúde diminuída.

3. — Agradável, sociável.
Dualidade: desperdício de energia, nervos em mau estado.

4. — Trabalho, limitações, dureza.
Dualidade: trabalho enorme, estafa, limitação, dureza, ainda mais acentuadas.

5. — Mudança, viagens.
Dualidade: abuso da liberdade pessoal, atividades sexuais imorais.

6. — Responsabilidades, obrigações, casamento, divórcio, casos sentimentais positivos ou negativos, mudança de domicílio, harmonia ou conflitos.
Dualidade: responsabilidades excessivas, desacordo familiar.

7. — Sensatez, conhecimentos, isolamento, pobreza, grandes lucros, tudo pode acontecer.
Dualidade: recuo, limitação.

8. — Falta de dinheiro líquido, problemas financeiros.
Dualidade: saúde diminuída, perdas financeiras.

9. — Emoções, soluções, conclusão, mudanças, perdas.
Dualidade: perdas, sacrifícios, más emoções.

11. — Inspirações, realizações, mas os aspectos do 2 podem intervir.
Dualidade: nervos em mau estado, tensão cerebral.

22. — Grandes empreendimentos, projetos; os aspectos do 4 podem intervir.
Dualidade: depressão nervosa, talvez mesmo a demência.

**A numerologia e a saúde**

Examinemos, agora, os aspectos da dualidade nas letras.

AA: Moléstia grave.
BB: Tendência aos acidentes.
CC: Mau no plano afetivo.
DD: Muita atividade sem resultado positivo.

EE: Nervos em mau estado. Os órgãos sexuais da mulher podem ser atingidos.

FF: Crise cardíaca possível.

GG: Grave moléstia, traição possível da parte de um terceiro.

HH: Muito crítico para o plano da saúde, podendo chegar à morte, mas é preciso levar em consideração a essência e as letras vizinhas.

II: Grandes transtornos afetivos, período de sacrifícios.

JJ: Sobrecarga de responsabilidades. Tensões, certos valores de AA poderiam ser aplicados.

KK: No limite da depressão nervosa.

LL: Tendência aos acidentes.

MM: A mesma significação de DD, mas a cura é mais rápida.

NN: Possibilidade de morte por acidente provocada por uma atividade sem objetivo.

OO: Possibilidade de crise cardíaca ou doença do coração.

PP: Doença prolongada.

QQ: Depressão por causa de pressões grandes demais. Pior do que HH, mas a essência e as letras adjacentes devem ser levadas em consideração.

RR: Tendência a atrair os acidentes; se conseguir evitá-los a vida terá um alcance internacional.

SS: Possibilidade de depressão por emoções fortes.

TT: Possibilidade de morte, de dolo por parte de um terceiro.

UU: Demasiada entrega sexual; para as mulheres possibilidade de intervenção cirúrgica no aparelho genital.

VV: Possibilidade de doença que poderá causar a perda de um órgão vital ou de um membro.

WW: Os mesmos aspectos de SS e NN.

XX: Extrema infelicidade. Demência.

YY: Isolamento.

ZZ: Os mesmos aspectos de HH e QQ.

Portanto, a dualidade tem quase sempre um sentido negativo do ponto de vista da saúde. Convém examinar, todavia, o conjunto das letras que cercam a dualidade, podendo a positividade de algumas dentre elas atenuar as características negativas da dualidade.

A essência deve ser tomada em consideração. O estudo de todos os elementos traz um esclarecimento interessante sobre a saúde e os acontecimentos suscetíveis de se produzirem na vida da pessoa.

Permitam-me citar um caso que prova a utilidade da Numerologia. Quando eu ainda estava no início do estudo da Numerologia, fui levada a estudar o tema de uma jovem que não era pessoa do meu conhecimento e que, segundo um membro da família, "tinha problemas" (sic). Parecia, é verdade, que havia algumas dificuldades sentimentais, mas o que muito me preocupou foi a dupla passagem de um N, ao qual se juntava um H. Imediatamente alertei sua parente para que ela consultasse rapidamente um médico, porque a moça corria perigo de vida.

De início bastante incrédula, ela indignou-se com o meu "pessimismo exagerado", mas meses depois, encontrando-se comigo, saltou-me ao pescoço, agradecendo-me.

Com efeito, sua jovem parente tinha sido operada a tempo de curar-se.

Esse tema confirmou para mim, portanto, a justeza das previsões que se podem estabelecer a partir dos Números. Sua capacidade de ajudar nossos semelhantes é, pois, importante.

Esta ciência demanda esforços, precisão e busca, pois que é preciso decifrar tudo para compreender a pessoa cujo tema nos é pedido. Cada letra, cada algarismo, cada gráfico traz uma resposta. O homem aparece como uma charada que é preciso adivinhar, mas que riqueza! Muitas vezes, o criador fez muito bem as coisas, pois que nos deu as chaves para que tenhamos êxito. Cabe-nos aprender a servir-nos delas.

A posição das letras que constituem cada um dos prenomes e do nome, ou dos nomes, informa-nos sobre o plano físico (1.º prenome), sobre o plano afetivo (2.º prenome), sobre o plano espiritual (3.º prenome, ou Nome). (Ver o sentido de cada um dos planos no início deste trabalho.)

É necessário, igualmente, levar em consideração a idade da pessoa, pois o valor da significação varia conforme se trate de uma criança, um adolescente ou um adulto.

Portanto, para bem interpretar uma letra, é preciso levar em conta vários elementos:

— seu lugar na grade de excursão,

— seu valor numérico,

— a vibração da letra ou do som,

— a natureza da vibração,

— a duração da vibração.

Recordemos que esses elementos aparecem também em nossa vida, em um dado momento, para nos ensinar a vencer obstáculos e para nos formar de maneira permanente e repetitiva. Com efeito, a cada vez que a passagem das letras de um prenome se completa, nós terminamos um ciclo e recomeçamos outro.

Ao fim de 28 anos, Marie retomará o ciclo com a letra M, enquanto o ciclo de Dubois é de 25 anos e o de Irène recomeçará somente no 33.º aniversário.

CAPÍTULO IX

# O acordo entre os números

Agora, que estudamos bem a significação das letras e dos números, o que resta aprender é a forma pela qual os números reagem entre si.

Acontece com os números o que acontece com as pessoas: alguns se entendem bem, vivem em acordo, e outros, ao contrário, chocam-se e criam dissonâncias. A não ser, todavia, que as pessoas não se entendam porque seus números não se combinam, mas isso será objeto do próximo capítulo.

Levaremos em consideração os números quando examinarmos o Caminho da Vida, os Ciclos e as Realizações, entre si. E, da mesma maneira, em um ano, a relação entre as vibrações anuais, mensais e as essências mensais será importante. Em ciclo, o algarismo menor cruza o maior; em caso contrário, a significação torna-se diferente.

Na excursão, se a essência for de longa duração, haverá preponderância da essência do ano pessoal.

Eis, *partindo do 1*, o que se passa quando encontramos:

1. — Demasiada atividade — tensão nervosa.
2. — O 1 prevalecerá. — O 2 se submeterá — Conflito de interesses, tensão afetiva.
3. — Acordo completo — Harmonia — Sucesso.
4. — Dissonâncias possíveis devidas às limitações do 4.
5. — Se o 1 cruza o 5, realização. — Se o 5 cruza o 1, mudança.

6. — Se o 6 cruza o 1, acordo: responsabilidades, histórias de amor — avanços. — Se o 1 cruza o 6, desacordo: a pessoa evita as responsabilidades.
7. — Se o 1 cruza o 7, mudança, euforia. — Se o 7 cruza o 1, conflitos por causa de diminuição da atividade.
8. — Se o 1 cruza o 8, êxito material. — Se o 8 cruza o 1, pagamento de dívidas cármicas.
9. — Acordo geral, mas tensão ou grandeza.
11. — Harmonia, se os interesses espirituais do 11 não se chocarem com o egoísmo do 1.
22. — Acordo perfeito.

**O 2 com:**

2. — Transtornos da afetividade — saúde diminuída — pobreza — solidão.
3. — Ligeiro desacordo. — Harmonia para os casos sentimentais.
4. — Acordo intermitente — bloqueios afetivos. — No domínio material, bom entendimento, se a pessoa não for egoísta.
5. — Conflitos — sensualidade excessiva.
6. — Harmonia no amor — na vida familiar. — Em outros domínios, destruição completa.
7. — Os aspectos do 7 prevalecem: paz — meditação — transtornos afetivos possíveis — tensão afetiva.
8. — Acordo.
9. — Desacordo — transtornos afetivos.
11. — Acordo, contanto que o 11 seja vivido como tal. Se for vivido como 2, tensões.
22. — Com freqüência, acordo; às vezes desacordo.

**O 3 com:**

3. — Desperdício de energia — perturbações nervosas.
4. — Conflitos.
5. — Acordo completo.
6. — Acordo.

7. — Acordo e desacordo — o 7 diminui as qualidades do 3, mas se o 3 cruza o 7, eleva-se.

8. — 9 — 11 — 22. Acordo.

**O 4 com:**

4. — Dureza — limitações — estafa.

5. — Conflito mais pronunciado do que entre o 3 e o 4.

6. — Acordo.

7. — Acordo.

8. — Perdas — privações — Carma. Reunidos sobre o quadro principal da vida, trazem a ruína.

9. — Se o 9 cruza o 4: acordo. — Se o 4 cruza o 9: desacordo.

11. — Desacordo.

22. — Acordo.

**O 5 com:**

5. — Acordo perfeito, mas abuso da liberdade pessoal.

6. — Desacordo completo.

7. — Acordo, se o 5 for bem vivido. — Desacordo, no caso contrário.

8. — Se o 5 cruza o 8: acordo. — Se o 8 cruza o 5: desacordo.

9. — Harmonia.

11 — 22. — Acordo e desacordo.

**O 6 com:**

6. — Responsabilidade excessiva, problemas na vida em família.

7. — Acordo e desacordo.

8. — Acordo, exceto na vida familiar.

9. — Acordo médio.

11 — 22. — Acordo.

**O 7 com:**

7\. — Acordo perfeito.

8\. — Mau, perdas financeiras e afetivas.

9\. — Se o 9 cruza o 7: acordo. — Se o 7 cruza o 9: desacordo.

11\. — Geralmente, acordo; às vezes, desacordo.

22\. — Geralmente, desacordo; às vezes, acordo.

**O 8 com:**

8\. — Derrocada financeira, má saúde; o melhor que se pode esperar é um lucro limitado e tensão física.

9\. — Estando reunidos o carma e o fim, pode haver desacordos.

11 — 22. — Acordo.

**O 9 com:**

9\. — O pior dos transtornos afetivos — perda considerável em todos os domínios.

11\. — Grandeza.

22\. — Acordo.

**O 11 com:**

11\. — Tensão nervosa.

22\. — Acordo.

**O 22 com:**

22\. — Gênio — imortalidade ou loucura.

CAPÍTULO X

# O acordo entre as pessoas

Depois de termos visto, em detalhes, o acordo entre os números, é possível determinar um coeficiente de entendimento entre duas ou várias pessoas.

Para fazer isso, convém estabelecer o grau de entendimento entre vários elementos numerados, caracterizando a pessoa por inteiro, isto é:

— O Impulso Espiritual
— O Eu Íntimo
— A Expressão
— O Caminho da Vida

} Identidade completa da pessoa e data do nascimento.

Cada elemento é comparado com os elementos da outra pessoa, em um quadro de dupla saída. Cada coluna vertical e horizontal é em seguida somada, o total definitivo é em seguida dividido por 4, para obter a média.

| | I.E. | E.I. | EXP. | C.V. | TOTAL |
|---|---|---|---|---|---|
| Impulso Espiritual | A x 2 | | | | |
| Eu Íntimo | | B x 2 | | | |
| Expressão | | | C x 2 | | |
| Caminho da Vida | | | | D x 2 | |
| | | | | | TOTAL |
| | | | | | 4 |

Note-se que o número resultante da comparação de 2 elementos semelhantes é multiplicado por 2, a fim de reforçar o grau de entendimento ou de desacordo.

Um coeficiente de entendimento de 10/20 pressagia um entendimento difícil entre duas pessoas.

Em caso de casamento, para determinar o coeficiente de entendimento, será preciso reconstituir o novo Impulso Espiritual, o novo Eu Íntimo e a nova Expressão da parceira, juntando as vibrações da palavra "parceira" às da identidade da jovem senhora.

É possível, assim, calcular o grau de entendimento entre duas ou mais pessoas:

— que vão trabalhar juntas,
— que vão associar-se,
— que vão formar uma equipe de trabalho ou de lazer,
— que vão viver juntas ou casar-se.

Para estabelecer esse quadro, será necessário servir-se dos algarismos que figuram no anexo que se segue.

QUADRO DAS RELAÇÕES DOS NÚMEROS ENTRE SI

| | 1 | 2 | 3 | 4 | 5 | 6 | 7 | 8 | 9 | 11 | 22 |
|---|---|---|---|---|---|---|---|---|---|---|---|
| 1 | 1 | 2 | 4 | 3 | 4 | 1 | 3 | 4 | 4 | 4 | 4 |
| 2 | 2 | 2 | 2 | 3 | 2 | 4 | 2 | 4 | 1 | 3 | 2 |
| 3 | 4 | 2 | 4 | 1 | 4 | 3 | 3 | 3 | 3 | 3 | 3 |
| 4 | 3 | 3 | 1 | 2 | 1 | 3 | 3 | 2 | 1 | 1 | 4 |
| 5 | 4 | 2 | 4 | 1 | 4 | 1 | 2 | 3 | 3 | 2 | 2 |
| 6 | 4 | 4 | 3 | 3 | 1 | 2 | 2 | 3 | 2 | 3 | 3 |
| 7 | 3 | 2 | 2 | 4 | 2 | 2 | 4 | 1 | 2 | 2 | 1 |
| 8 | 1 | 4 | 3 | 2 | 1 | 3 | 1 | 1 | 1 | 4 | 3 |
| 9 | 4 | 1 | 3 | 4 | 3 | 2 | 4 | 2 | 1 | 4 | 3 |
| 11 | 4 | 3 | 3 | 1 | 2 | 3 | 2 | 4 | 4 | 2 | 3 |
| 22 | 4 | 2 | 3 | 4 | 2 | 3 | 1 | 3 | 3 | 3 | ? |

Legenda:

1 = Dissonância.

2 = Média — Acordo — Desacordo.

3 = Acordo.

4 = Acordo perfeito.

Este quadro, estabelecido em função daquilo que o precedeu, leva em conta as diferenças de acordo em caso de cruzamento dos algarismos entre si.

CAPÍTULO XI

# Conclusão

*Cada homem é uma história que não é idêntica a nenhuma outra.*

Alexis Carel

*Não te prendas, em ti, a não ser àquilo que sintas que não está em parte alguma a não ser em ti próprio, e cria de ti, impaciente e pacientemente — ah! — o mais insubstituível dos seres.*

André Gide

Numerosos e ilustres escritores já trouxeram sua contribuição à difusão do conhecimento do simbolismo do Número.

De minha parte, tendo o estudo da Numerologia aberto para mim caminhos desconhecidos, mas muito enriquecedores e vivificantes, prendo-me, mais especialmente, ao estudo das relações do Homem com o Universo.

Embora incompleto, este pequeno estudo pode dar aos leitores um melhor conhecimento de si próprios e dos que os rodeiam. Ele talvez os anime a modificarem as vibrações do seu prenome habitual, para sua melhor expansão.

Sobre esse ponto contarei uma pequena anedota referente a Napoléon Buonaparte, que, segundo conselhos do seu astrólogo, modificou seu nome para Bonaparte, para transformar seu destino, fazendo-o aquele que todos conhecem.

Suprimir, tanto quanto possível, as más vibrações que emanam de nós ou dos seres que nos são queridos, pode engendrar uma nova harmonia.

Será que essa grande Harmonia, da qual o Mundo tanto precisa, neste momento, irá conduzir-nos à paz Universal?

Que assim possa ser.

# Anexos

Para ilustrar o que acaba de ser exposto, os leitores devem voltar-se para os dois gráficos que se seguem.

- O primeiro é a representação esquematizada de um tema e dos elementos que o compõem.
- O segundo é a representação esquematizada da vida de Napoléon Bonaparte.

GRÁFICO 1

*Impulso Espiritual* — **Soma** das vogais de um nome:

- Desafio: **Diferença entre** a primeira e a **última vogal.**

*Eu Íntimo* — Soma **das consoantes** do nome:

- Desafio: **Diferença entre a** primeira e a **última consoante.**

*Expressão*: Soma do Impulso Espiritual e do Eu Íntimo:

- Desafio: Soma dos dois desafios.

*Grade de inclusão*

| 1 | 2 | 3 | 4 | 5 | 6 | 7 | 8 | 9 |
|---|---|---|---|---|---|---|---|---|
| | | | | | | | | |

Grade ideal para 18 letras

| 3 | 2 | 2 | 2 | 2 | 2 | 1 | 2 | 2 |
|---|---|---|---|---|---|---|---|---|

*Testes da Personalidade*

- — Paixões secretas: todos os algarismos que ultrapassam a média da grade ideal.
- — Subconsciente: 9 — o número de casas não cobertas.
- — Excentricidade: chave + dia do nascimento.

— Pedra angular: 1.ª letra do prenome.
— Número de equilíbrio: 1.ª letra de cada prenome ou do nome ou nomes dos quais se faz a soma.
— 1.ª chave: soma das letras do prenome.
— 2.ª chave: 1.ª letra do nome de família.
— Última pedra: última letra do prenome.
— 1.ª vogal.
— Realização: dia + mês de nascimento.
— Número de vida: Expressão + Caminho da Vida.
— Iniciação Espiritual: Impulso Espiritual + Expressão + Caminho da Vida + Dia do nascimento.

*Caminho da Vida*: Soma da data de nascimento.
— 1.º ciclo: mês do nascimento.
— 2.º ciclo: dia do nascimento.
— 3.º ciclo: ano do nascimento.

*Realização*:
— 1.ª Realização: 36 anos — o algarismo do caminho da vida.
  • *Valor*: Dia + mês do nascimento.
— 2.ª Realização: Idade da 1.ª realização + 9 anos.
  • *Valor*: dia + ano do nascimento.
— 3.ª Realização: Idade da 2.ª realização + 9 anos.
  • *Valor*: soma das duas primeiras realizações.
— 4.ª Realização: tal como a 3.ª realização.
  • *Valor*: mês + ano do nascimento.

*Desafios da Vida*:

Diferença entre o dia e o mês do nascimento; diferença entre o mês e o ano; diferença entre os dois números encontrados.

*Desafio do dia do nascimento*: válido para os números de dois algarismos — a diferença entre o maior e o menor.

*Presente do dia do nascimento*: 9 — desafio do dia do nascimento.

## GRÁFICO N.º 2

## TRAÇADO DA VIDA DE NAPOLÉON I

| Períodos | Caminho da vida | Ciclos de vida | Realização | Desafios da vida | Impulso espiritual |
|---|---|---|---|---|---|
| Nascimento | 1<br>Realização | 8<br>Restrições materiais | 5<br>Mudança<br>Evolução | Desafio maior<br>1<br><br>**1º Desafio menor 2**<br>**2º Desafio menor 3** | 4<br>Trabalho<br><br>Desafio: 4 — Cuidar dos detalhes —<br>Aplicar-se — Não se estafar. |
| 1.1.1796 | | **6**<br>**Responsabilidades** | | | |
| 35 anos | | | **2**<br>**Alianças** | | |
| 44 anos | | | **7**<br>**Sensatez** | | |
| 53 anos<br>1.1.1823 | | | 22<br>Realização | | |
| 99 anos | | | | | |

Eu íntimo: 9 — Servir à Humanidade; Expressão: 22 — Construir para a Humanidade.

*Leia também:*

# OS NÚMEROS

*W. Wynn Westcott*

Escrito a partir de fontes que abrangem séculos de pensamento místico e filosófico, o conteúdo deste livro constitui a base do conhecimento geral sobre os números do ponto de vista do ocultismo.

Para Pitágoras, os números eram símbolos da natureza das coisas; para os cientistas modernos, as propriedades dos números são as propriedades da matéria, motivo pelo qual certas equações podem determinar o comportamento da matéria. *Os números* parte da hipótese de que, nesse comportamento lógico, na harmonia de suas características metafísicas — seja na matemática, na física ou na música — podem ser descobertas suas características metafísicas, as realidades mais transcendentes.

Os significados são evidentes nos números simples, inteiros. Por exemplo: *1* é unidade, mas é também *a* unidade, o Arquétipo, o atributo ou o Absoluto — e, sendo assim, é um conceito filosófico. Essa lógica pode ser aplicada a todos os números, mas a matemática dos números implica relacionamentos que não podem ser compreendidos apenas pelo raciocínio. Seus significados ocultos só podem ser captados pela intuição.

Neste livro estão resumidas as teorias de Pitágoras e dos cabalistas, e as características místicas dos números segundo a Bíblia, os escritos védicos e outros textos sagrados, relacionando-os com as virtudes e os vícios e com suas correspondências históricas.

O livro mostra, com detalhes, essas qualidades metafísicas, como a bênção do 7; a perfeição do 9, símbolo da matéria indestrutível mas em contínua transformação; e a força do 10, que simboliza não só o Universo mas, também, o infinito e a eternidade.

O autor dedica este livro a todos os que querem ver além do mero mecanismo dos números.

EDITORA PENSAMENTO

A MAGIA DOS NÚMEROS AO SEU ALCANCE

*Helyn Hitchcock*

Explicando de modo claro e simples todos os métodos da antiga arte da Numerologia, este livro ensina a analisar nomes, datas de nascimento, endereços, e até o nome das pessoas com as quais convém ou não estabelecer relações de amizade ou de negócios. A MAGIA DOS NÚMEROS AO SEU ALCANCE — além da análise numerológica do nome de muita gente famosa — ensina a descobrir os talentos ocultos de cada um, as suas ambições mais secretas, revelando as técnicas usadas pelos conhecedores para predizer o futuro, sem lançar mão de sortes ou simples suposições.

EDITORA PENSAMENTO